青春文庫

3行レシピでつくる
定食屋ごはん

杵島直美

青春出版社

ほっとする定食屋メニューを家庭でも

今日はどれにしようかな――。定食屋に行くと、何を食べようかあれこれ迷ってしまいませんか。

定食屋の魅力はなんといっても、和洋中を問わない豊富なメニュー。そして、炊きたてのごはんとあたたかい味噌汁に、メインのおかず、小鉢、漬け物と、栄養バランスのとれた、心もからだもほっとする食事が楽しめる点です。

本書は、そんな定食屋の味と雰囲気を、家庭でも手軽に再現したいという思いから誕生しました。肉や魚などのメインのおかずをはじめ、小鉢、漬け物、汁物、そして丼物と、どれもレシピはたったの3行。手順どおりに作っていただければ、本格的でおいしい定食屋メニューが驚くほど簡単にできあがります。

どんな献立にするかはあなた次第。たとえば、メインに最近人気のチキン南蛮を選んだら、副菜はビタミンたっぷりのいんげんのごまあえ、汁物は簡単なとろろ昆布汁にするなど、いろいろ工夫してみてください。

よりおいしく食べるためのコツや調理のポイント、アレンジについても紹介していますので、どうぞ参考に。さっそく今日から〝定食屋レシピ〟で食卓を豊かに彩りましょう。

3行レシピでつくる定食屋ごはん

おしながき

本日のおすすめ

日替わり肉料理

日替わり魚料理

小鉢でもう一品

ドドンッと丼物

季節の漬け物

汁物でホッ

さらに おいしく。

カバーイラスト 松本よしえ
本文イラスト 竹口睦郁
デザイン・DTP ティープロセス
編集協力 佐藤美智代

本書をお使いいただく前に

＊材料は１人分です。ただし、料理によっては作りやすい分量になっています。
＊各材料の分量でとくに明記されていないものについては、好みで調整してください。
＊１カップ＝２００cc、大さじ１＝15cc、小さじ１＝５ccとなっています。
＊小さじ1/4未満の調味料は「少々」としました。
＊水溶き片栗粉は、片栗粉を倍量の水で溶いたものを使用しています。
＊油の分量でとくに明記されていないものについては、小さじ１～２を目安にしてください。
＊火加減でとくに明記されていないものについては、中火で調理します。
＊だし汁の作り方は70ページに掲載していますが、市販の顆粒だしを使う場合はパッケージなどに記載されている「使用量の目安」を参考にしてください。塩味がついている場合は、調味料の塩やみその量を加減しましょう。
＊魚や野菜の下処理、切り方など料理方法を紹介しているページ数を「料理用語インデックス」として巻末にまとめましたので参考にしてください。

本日のおすすめ

定食屋で
人気のおかず10品
をセレクト。心がなご
むおなじみの味は、毎日
食べてもあきのこない
おいしさです。

豚肉のしょうが焼き

しょうがの香りが食欲をそそる大人気の定食メニュー

①しょう油、水、酒各大さじ1/2、おろししょうが小さじ1を混ぜ、豚ロース肉100gにからめて5分おく。

②フライパンにサラダ油大さじ1を熱して①の肉を広げて並べ、両面をこんがり焼く。

③しょう油、水、みりん各大さじ1/2を加え、鍋をゆすって焼き上げる。きゃべつのせん切りをそえて。

たれがしみたきゃべつのせん切りもうまい！

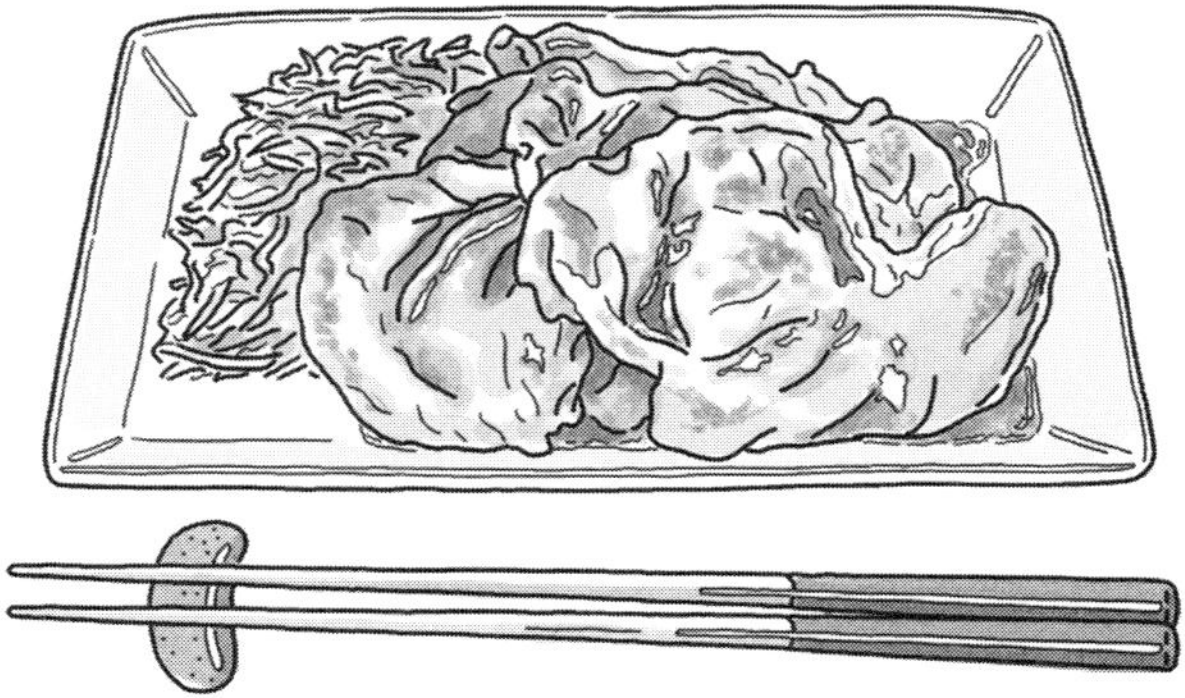

しょうがの量はお好みで

アレンジ

豚肉を2センチ幅に切って下味をつけて炒めたあと、ざく切りにしたきゃべつ、にんじん、ピーマンなど野菜を加えて炒め合わせると、しょうがの風味がきいた肉野菜炒めになる。

ここはこうする！

少し厚めの肉を使うとたれがほどよくからむ。厚さが5ミリ以上の場合は、脂身と赤身の境目に数カ所、繊維に対して垂直に5ミリほど切り込みを入れる（筋切り）と身がちぢまない。

鶏のから揚げ

ジュワーとしみ出る肉汁がたまりません

①鶏ももぶつ切り肉4~5コは塩こしょうをふり、しょう油、酒各大さじ1/2をもみ込む。

②①の鶏肉に片栗粉、薄力粉各大さじ1をまぶしつける。

③170度の油で、ときどき返しながら3分半揚げる。

さっぱり食べたいときは
大根おろしをそえて

アレンジ

揚げたてを酢じょう油（酢、しょう油、水各大さじ１）に漬け込み、細切りにしたねぎと一味唐辛子を加えれば鶏肉の南蛮漬けに。

ここはこうする！

衣は片栗粉、薄力粉どちらか一方でもよいが、両方合わせるとカリッと揚がって食感がよくなる。肉は胸肉、骨つきのぶつ切り肉、手羽元や手羽先でもよい。

和風ハンバーグ

人気の洋食を大根おろしでさっぱりいただきます

①合びき肉120gにおろし玉ねぎ、パン粉各大さじ2、塩、こしょうを加えてよくねる。

②①を楕円形にまとめ、サラダ油をひいたフライパンで両面をこんがりと焼き、ふたをして弱火で7～8分火をとおす。

③大根おろしとしそのせん切りをのせ、しょう油をかける。

しょう油のかわりに
ぽん酢しょう油でもおいしい

アレンジ

焼き汁にウスターソースとケチャップ各大さじ1を加えてひと煮立ちさせた、コクのあるソースも美味。マヨネーズとケチャップを混ぜ合わせたオーロラソースもいける。

ここはこうする!

玉ねぎは、すりおろしたらざるにあげて水気をよくきっておく。材料をすべてビニール袋に入れてねると、あとかたづけもラク。

肉じゃが

甘辛のほっこりじゃがいもに思わず笑みがこぼれます

①豚ばら薄切り肉１００gは3センチ幅、玉ねぎ1/2コはくし形切り、じゃがいも1コは4つ割りにして皮をむき、水にさらす。

②サラダ油で豚肉、玉ねぎ、じゃがいもを炒め、水をひたひたに注いで強火にする。

③煮立ったら火を弱め、しょう油大さじ1と1/2、砂糖、みりん、酒各大さじ1/2を加え、ふたをして15分煮る。

煮くずれたくらいが味がしみてちょうどよい

アレンジ

しらたき、にんじん、いんげんなどを加えてもよい。煮返してもおいしいので、多めに作っておけば重宝する。冷蔵庫で3日間は保存できる。煮なおすときは、水少々を補って。

ここはこうする！

「くし形切り」

球形の野菜を縦半分に切り、中心部分に向かって均等の幅に切る。

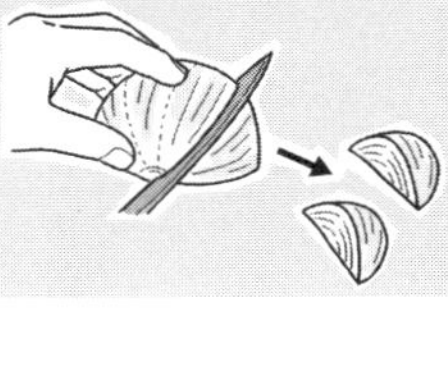

肉屋さん風コロッケ

揚げたてがおいしい昔ながらのコロッケです

①じゃがいも１コはラップに包んで電子レンジで加熱し、柔らかくなったら皮をむいてつぶす。玉ねぎ１/４コはみじん切りにする。

②牛ひき肉10gと玉ねぎをサラダ油で炒め、塩こしょうをふってじゃがいもに混ぜる。

③②を楕円形にまとめ、薄力粉、溶き卵、パン粉の順に衣をつけて１８０度の油で返しながら2分ほど揚げる。

ウスターソースとねり辛子をそえて
ほくほくじゃがいもから湯気がフワ〜

アレンジ

じゃがいもに合わせる具は、きりのよい分量で多めに作っておくのが得策。目安は牛ひき肉100gに対して玉ねぎ1コ。冷蔵庫で3日間保存できるので、オムレツや野菜炒めなどに利用して。

ここはこうする！

じゃがいもは熱いうちにスプーンの背などでつぶす。衣をつけるときは、薄力粉を全体によくまぶしてから溶き卵につけ、パン粉はぎゅっとおさえずふんわりとつけるようにする。

さばのみそ煮

こっくりとした甘めのみそ味が白いごはんによく合います

① 鍋にみそ大さじ1と1/2、砂糖、酒、みりん各大さじ1/2、水1/2カップを入れて混ぜ、火にかける。

② ①があたたまってきたら、さばの切り身としょうがの薄切りを入れて中火で10分煮る。

③ 長ねぎの斜め切りを加え、煮汁をすくいかけながらこってりと煮上げる。

赤みそを使えばすっきりした味わいに

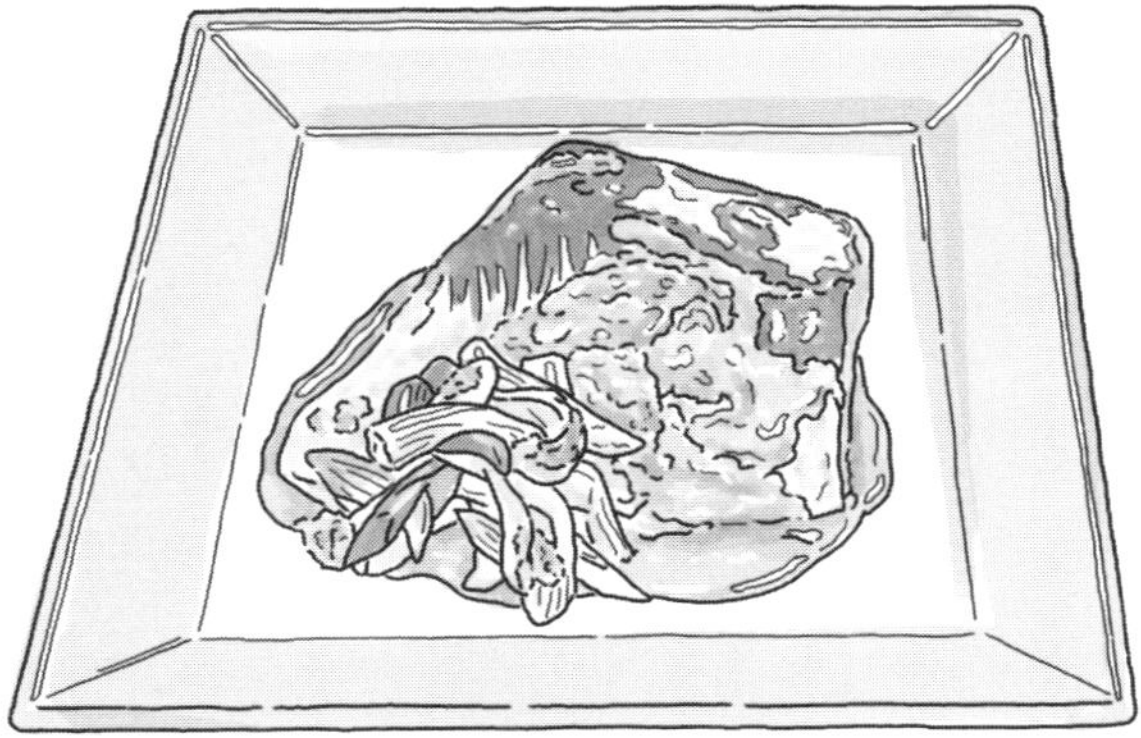

ねっとりした煮汁に身をよーくからめて食べよう

アレンジ

切り身に塩こしょうをふり、薄力粉を薄くまぶしてサラダ油でほんのり焼き色がつく程度に焼き、煮汁（水は半量にする）を加えて3分ほど煮れば、洋風のみそ煮になる。

ここはこうする！

青魚を煮るときは、においがこもるのでふたはしないこと。切り身が残ったら、1切れに対して塩小さじ1を両面にふりラップに包んで冷蔵庫へ。翌日にはさばの塩焼きが楽しめる。

金目鯛の煮つけ

あぶらののった白身の煮つけでおなかも大満足

① 鍋に水$\frac{1}{3}$カップ、酒、みりん、しょう油各大さじ1、砂糖小さじ1を入れて煮立てる。

② 金目鯛の切り身を皮を上にして①に入れ、ふたをしないで中火で10分煮る。

③ わかめ（塩蔵）を水につけてもどし、ざく切りにして②に加えてさっと煮る。

身がほろりとくずれて

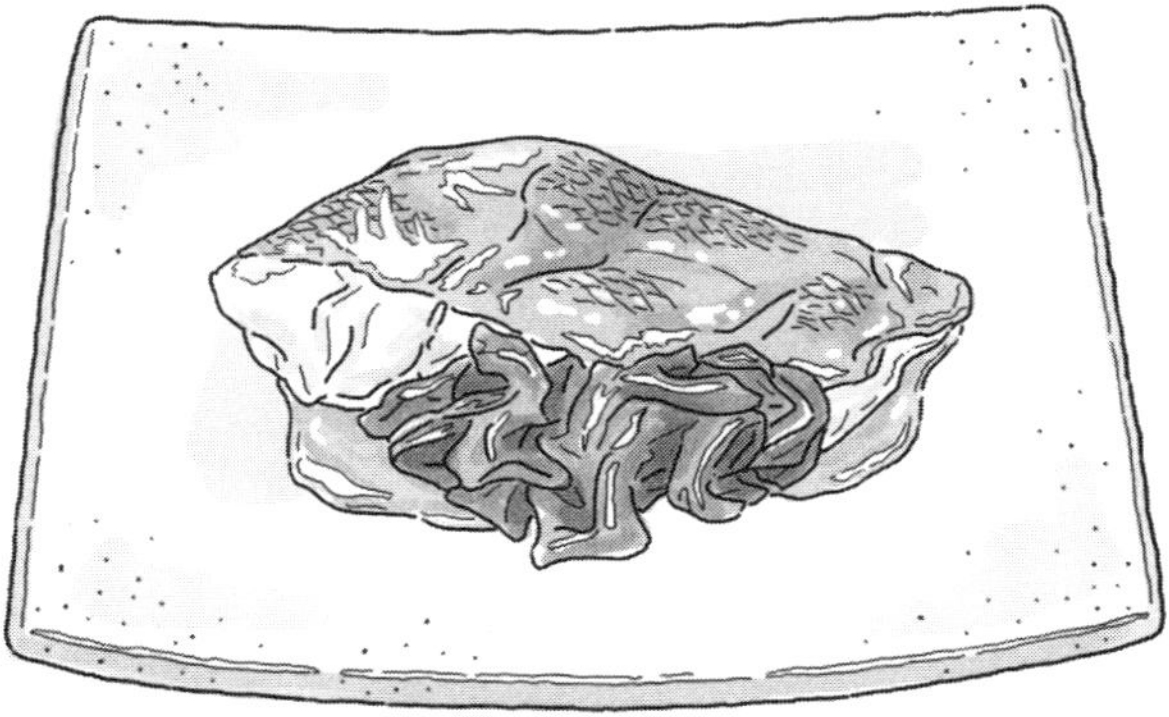

煮汁の照りが食欲をそそる

アレンジ

かれいや銀だらで作ってもおいしい。子持ちかれいの場合は身が厚いので煮汁は多めにし、時間をかけて煮ること。わかめのかわりに、さっとゆでた絹さややかいわれ菜、小松菜などでもよい。

ここはこうする！

金目鯛は皮がはがれやすいのでやさしくていねいに扱い、煮ているときはできるだけ菜ばしなどでさわらないのがポイント。煮魚は上下を返さないで調理するのも鉄則。

あじフライ

衣はからり、身はふっくら柔らか

①開いたあじの両面に塩こしょうをふる。

②①に薄力粉を薄くまぶし、溶き卵、パン粉の順に衣をつける。

③１７０度の油できつね色になるまで2分ほど揚げる。

ウスターソースを
たっぷりかけて召し上がれ
サクサクの衣が最高!

アレンジ

レモン汁としょう油を合わせた和風だれをかけてもおいしい。こってり味がお好みなら、玉ねぎ、ピクルス、ゆで卵を小さめの角切りにしてマヨネーズであえたタルタルソースでどうぞ。

ここはこうする!

あじを油に入れたら静かに待ち、浮き上がってきたら1度だけ返して揚げること。何度もひっくり返さないことがカリッと揚げるコツ。

麻婆豆腐

ピリッと辛くて深みのある味はあとをひくおいしさ

① 豆腐$\frac{1}{2}$丁は水きりして1・5センチ角に切る。

② 豚ひき肉50g、しょうが、にんにくのみじん切りをサラダ油で炒め、豆板醤小さじ1を加えて全体をよく炒め合わせ、①を加える。

③ スープ$\frac{1}{3}$カップ、しょう油大さじ1、砂糖、酒、みそ各小さじ1を合わせて②に加え、5分煮てねぎのみじん切りを散らし、水溶き片栗粉でとろみをつける。

アツアツをごはんにかけてほおばりたい
さんしょうをたっぷりふれば 四川風

アレンジ

麻婆豆腐をゆでた青菜や、しょう油ラーメンにかけてもおいしい。豆腐を使わず、食べやすく切って素揚げしたなすを同様にさっと煮からめれば麻婆なすに。

ここはこうする！

豆腐は木綿、絹ごしどちらでもよい。水きりは、まな板に豆腐をのせ、その上に平皿をのせて15分ほどおくと簡単。スープは熱湯⅓カップに鶏がらスープの素小さじ1を溶かして。

ゴーヤーチャンプルー

ゴーヤーのさわやかな苦味がやみつきに

① ゴーヤー1/2本は縦半分に切って種とわたをスプーンでかき出し、4～5ミリ幅に切る。

② 焼き豆腐1/3丁を食べやすい大きさに切ってごま油大さじ1で炒め、ゴーヤーを加えてさらに炒め、しょう油小さじ1、砂糖、塩各少々をふって炒め合わせる。

③ 卵1コを溶いてまわしかけ、手早く炒めて削りがつおをたっぷりかける。

たっぷりの削りがつおが、
ゴーヤーの苦味をやわらげる

アレンジ

塩、こしょうだけのシンプルな味つけもおいしい。豚ばら肉やランチョンミートを加えれば、ボリュームのあるおかずになる。

ここはこうする！

料理本によっては、ゴーヤーの苦味をとるために、切ったあとに塩をふって水気をしぼるとあるが、これはかえって苦味を増す結果に。

さらにおいしく。

おいしいごはんの炊き方

ふっくらつややかなおいしいごはんを炊くには、炊飯器のスイッチを入れるまでが肝心。今は精米技術が進み、昔のようにぬかがついていないため、ごしごし研ぐ必要はありません。少量炊きはおいしくないので、一度に3合ほど炊いて、炊きたてのごはんを茶碗1杯分ずつラップで包み冷凍保存しておきましょう。解凍は電子レンジで約1分加熱します。

【炊飯器で炊く場合】

1　ボウルまたは炊飯器の内釜に米を入れ、たっぷりの水を注いだら3回ほどかき混ぜて水を捨てる。これを、水がにごらなくなるまで2～3回繰り返す。

2　米をざるにあげてよく水きりする。

3　炊飯器に米を入れ、メモリに合わせて水を注ぎ、30分ほどおいてからスイッチを入れる。

4　蒸らし機能がついていないものは、炊き上がったら10分ほど蒸らす。蒸らしたら、しゃもじでさっくり混ぜ合わせ、空気を入れる。

【鍋で炊く場合】（2までは炊飯器と同様）

鍋に米と、米1に対して水1・2を入れ、ふたをして強火にかけ、沸騰したら弱火にして約9分炊く。ふきこぼれそうになっても、けっしてふたは取らないこと。最後に火を強めてひと呼吸おいて、火をとめる。ふたをしたまま10～15分蒸らす。

日替わり肉料理

みんな大好きな
定番メニューから、
近頃人気のあの料理まで、
ごはんがモリモリすすむ
おかずがいっぱい
です。

豚角煮

こってり煮上げた豚肉は文句なしのおいしさです

①豚ばらかたまり肉300gは6等分し、塩こしょうをふってフライパンで表面をこんがり焼いて鍋に移す。水をひたひたに入れて強火で20分ゆでて湯を捨てる。

②①にしょうがの皮、ねぎ、ひたひたの水を加えて火にかけ、煮立ったら砂糖、みりん、酒各大さじ1を加えて中火で20分煮て、しょうがの皮とねぎを取り出す。

③しょう油大さじ2を加えて20分煮て煮汁をからめる。

肉の照りが食欲をそそる

アレンジ

薄切りにして軽く焼けばチャーシューに。細かく刻んでチャーハンや野菜炒めに混ぜてもおいしい。しょう油を加えたあと、ゆで卵を一緒に煮るとおいしい煮卵のできあがり。

ここはこうする！

豚肉を焼きつけたときに出るあぶらはペーパータオルなどでよくふき取る。しょう油を加えたら落としぶたをして煮ると味がよくしみ込む。最後に煮汁をからめるときは強火にする。

豚ばら肉と白菜の重ね蒸し

電子レンジで簡単に作れる本格重ね蒸し

①白菜は軸と葉に分け、軸は4センチ幅のそぎ切りにする。豚ばらしゃぶしゃぶ用肉は4センチ幅に切る。

②ごはん茶碗に白菜の葉を敷き、その上に肉を並べ、軸をきっちり詰めて塩こしょうをふる。これを2回ほど繰り返してラップをかけ、電子レンジで4分加熱する。

③②を逆さにして汁ごと皿に盛りつけ、ぽん酢しょう油をかけて食べる。

豚肉のうまみがしみたとろとろ白菜が最高！

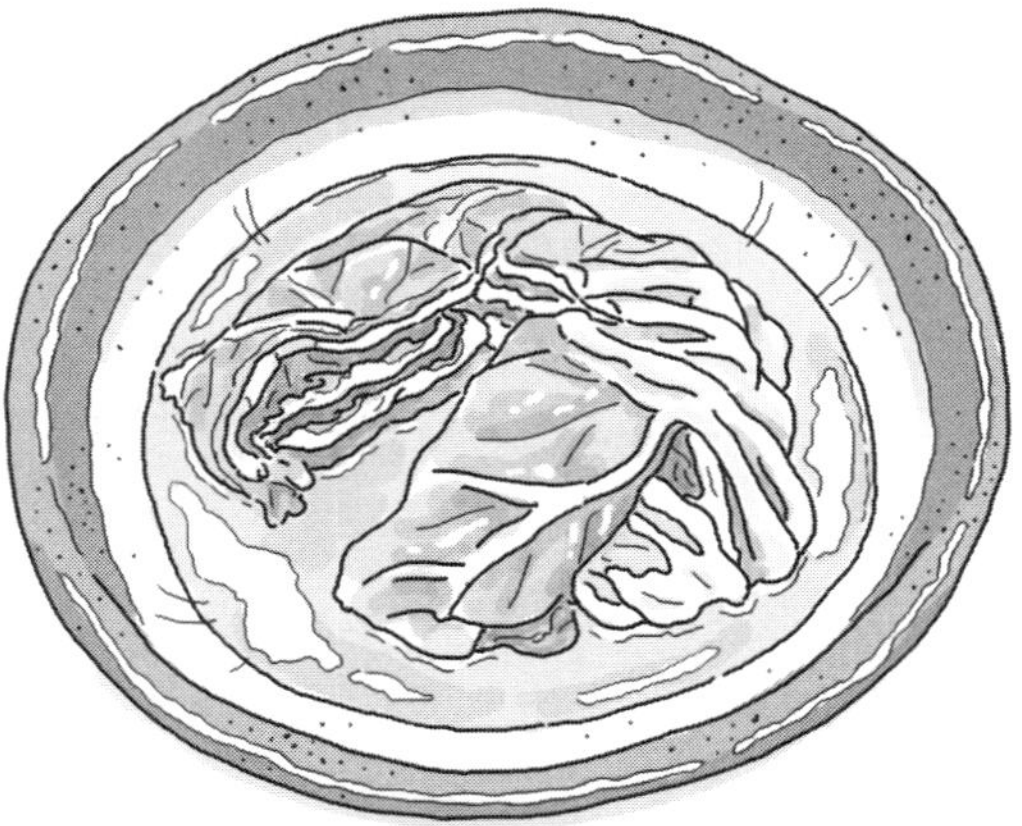

ぽん酢しょう油であっさり

アレンジ

重ね蒸しが残ったら、食べやすい大きさに切ってベーコンの細切り、もどしたはるさめを加えて鶏がらスープで煮ると、具だくさんの中華スープに。レモン汁を落として熱々をどうぞ。

ここはこうする！

「そぎ切り」
包丁を寝かせてそぐようにして切る。

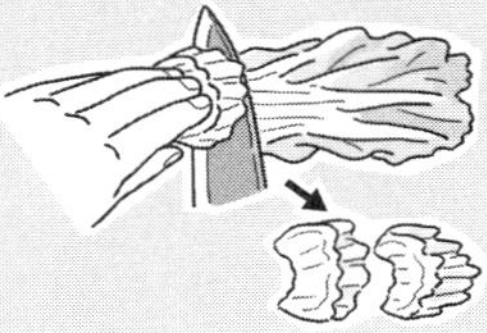

鶏つくねの照り焼き

甘辛の照り焼きソースがつくねをおいしく演出

①鶏ひき肉１００ｇに片栗粉大さじ$\frac{1}{2}$、塩少々、長ねぎのみじん切り大さじ１を加えてよくねり、５～６コに丸くまとめる。

②鍋に水大さじ４、しょう油小さじ２、砂糖、みりん各小さじ１を煮立て①を入れる。

③ふたをして弱火で５分ほど煮て、水溶き片栗粉でとろみをつける。

たれごとごはんにのせればつくね丼に
辛味がほしければ粉さんしょうや七味唐辛子を

アレンジ

多めの油を熱したフライパンにつくねを並べ入れ、鍋をゆすって表面に焼き色をつけて、フライパンに残った余分な油をふき取ってから煮ると、こってりした焼き鳥屋風のつくねに仕上がる。

ここはこうする！

最初に鶏ひき肉、片栗粉、塩をねり、ねばりが出たらねぎを加えるとさらに弾力のあるつくねに。ビニール袋に入れてねり、袋の角を切ってしぼり出して煮汁に直接入れれば簡単で洗い物も少ない。

和風バンバンジー

淡白な鶏肉にコクのあるごまだれがよく合います

①鶏むね肉1/2枚に塩、酒をからめて皿にのせ、電子レンジで2分30秒加熱する。

②鶏肉を取り出し、皿に残った蒸し汁にねりごま（白）、しょう油各大さじ1、砂糖、酢各小さじ1、ラー油少々を合わせてごまだれを作る。

③蒸し鶏をそぎ切りにし、きゅうりの細切りと盛り合わせ、②のごまだれをかける。

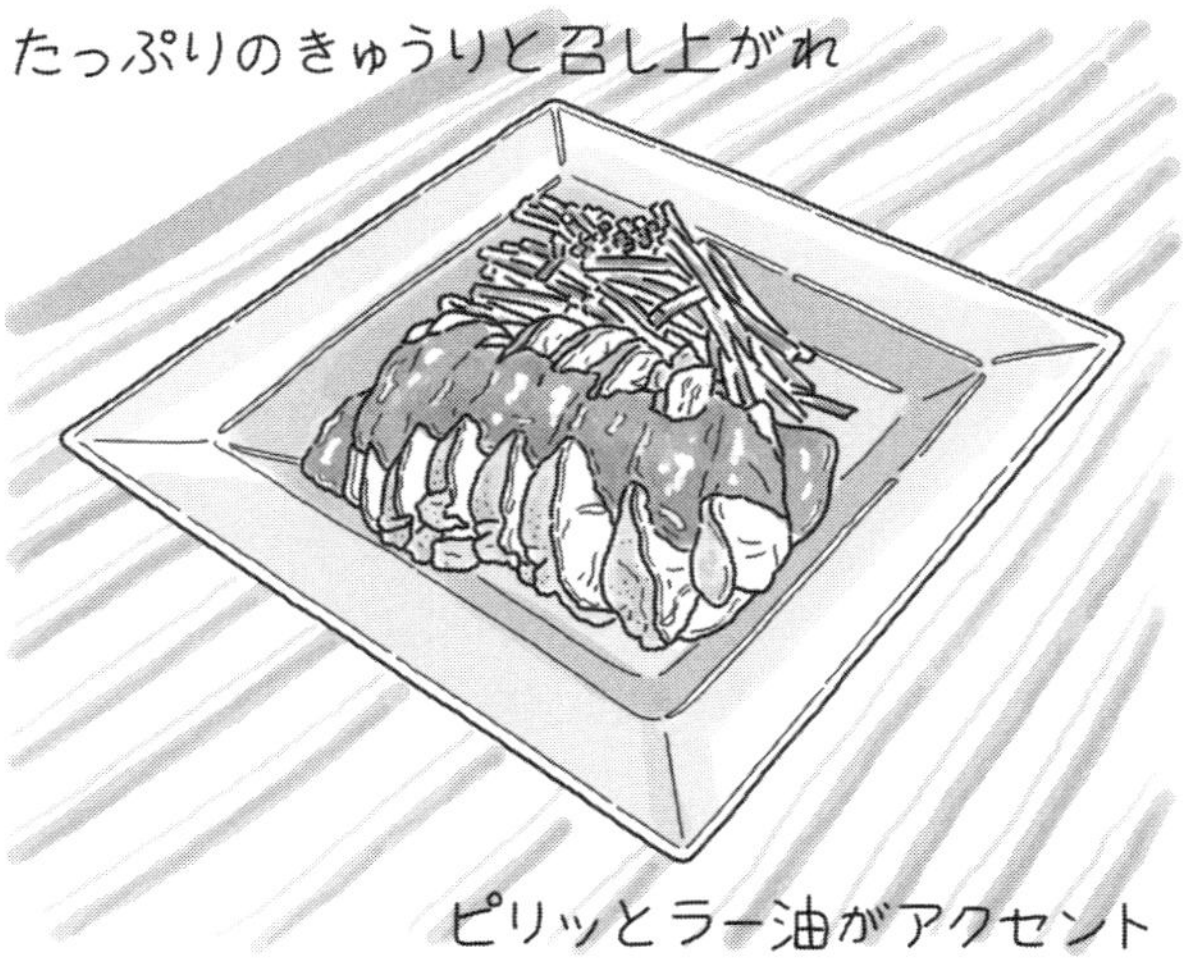
たっぷりのきゅうりと召し上がれ
ピリッとラー油がアクセント

アレンジ

中華麺をゆでて冷たく冷やして器に盛り、細切りにしたバンバンジーをのせればごまだれ風冷やし中華に。ごまだれは、しゃぶしゃぶのたれやサラダのドレッシングにも利用できる。

ここはこうする！

ねりごまのかわりに芝麻醤（チーマージャン）と豆板醤各少々を使用すると四川風に。蒸し鶏はそぎ切りにせず、細くさいたものでもよい。やけどしないように冷めてからさく。

チキン南蛮

最近、全国的に人気の宮崎の郷土料理です

①鶏むね肉1/2枚に塩こしょうをふり、薄力粉をまぶして溶き卵をつけ、170度の油で5分揚げる。

②酢大さじ3、砂糖小さじ2、塩少々を合わせて煮立て、水溶き片栗粉でとろみをつけて揚げたての鶏肉にからめる。

③鶏肉を2センチ幅のそぎ切りにして皿に盛りつけ、タルタルソースをたっぷりかける。

卵たっぷりのタルタルソースが絶品
揚げた鶏肉が酢でさっぱり

アレンジ

タルタルソースにピクルスのみじん切りやレモン汁、また粒マスタードを加えれば、酸味がきいた大人味のソースに。トマトケチャップを混ぜ合わせてもおいしい。

ここはこうする！

「タルタルソース」

ゆで卵のみじん切り１コ分、玉ねぎのみじん切り大さじ２、マヨネーズ¼カップを混ぜ合わせる。冷蔵庫で３日間保存が可能。サンドイッチの具やサラダにも利用できる。

肉豆腐

豆腐が主役のすき焼き風煮物

① 木綿豆腐1/2丁は3等分し、長ねぎ1/2本は斜め切りにする。

② 水1カップ、しょう油、酒各大さじ1、みりん、砂糖各大さじ1/2を煮立て、牛肉の切り落とし60gをほぐしながら3分ほど煮る。

③ ②に豆腐を加えてふたをし、弱火で10分以上煮る。最後にねぎを加えてさっと煮て、汁ごと盛りつける。

肉のうまみたっぷりの豆腐が絶品

アレンジ

牛肉のかわりに豚肉でもおいしい。長ねぎを玉ねぎにかえれば甘味のきいた味に。多めに作っておいて、翌日には卵とじにしたり、かけうどんにのせたりして楽しんで。

もうひと手間

牛肉をサラダ油で炒めてから煮ると、よりコクのある仕上がりになる。しめじ、えのき、まいたけなどのきのこ類や春菊などを入れれば、栄養バランスのとれた一品に。

ピリ辛冷しゃぶ

ラー油のパンチがきいた特製たれが格別です

①ねりごま、ぽん酢しょうゆ油各大さじ1、ラー油小さじ1/3を混ぜてたれを作る。大根は細切り、小ねぎは小口切りにする。

②牛しゃぶしゃぶ用肉5～6枚は1枚ずつ熱湯にさっとくぐらせ、冷水にとって水気をよくふき取る。

③皿に大根を敷いて牛肉を盛りつけ、小ねぎを散らしてたれをかける。

大根も一緒にたっぷりいただきたい

日本酒や焼酎の肴にも！

アレンジ

牛肉のかわりに豚肉、小ねぎのかわりにしそのせん切り、大根のほかに細切りにしたきゅうりやセロリ、にんじんでもおいしく作れる。

もうひと手間

しょう油、酢各大さじ１、ごま油、砂糖、すりごま各小さじ１、一味唐辛子少々を混ぜ合わせたたれもおいしい。どちらのたれも、鍋物のつけだれやサラダのドレッシングに利用できる。

牛肉の柳川風

どじょうで作る柳川鍋を牛肉を使ってお手軽に

① ごぼう10センチ（50g）はピーラーでささがき状に切って水にさらす。牛もも肉50gは2センチ幅に切り、卵1コは溶きほぐしておく。

② だし汁1/2カップとみりん、酒、しょう油各大さじ1を合わせ、水気をきったごぼうと牛肉を4〜5分煮る。

③ ざく切りにした三つ葉を散らし、溶き卵をまわし入れて30秒ほど煮て火をとめ、ふたをして蒸らす。

仕上げに粉さんしょうをたっぷりかけて
新ごぼうを使えばしっとり柔らか

アレンジ

牛肉のかわりに豚肉を使用してもおいしい。豚肉はもも肉を使えばあっさりめの味に、ばら肉を使えばこっくりした味に仕上がる。

ここはこうする！

包丁で鉛筆を削る要領でささがきにしたり、縦半分に切ってから斜め薄切りにしても OK。春から夏に出まわる新ごぼうはゆでずにそのまま、それ以外は水にさらしたあと２～３分ゆでて煮る。

ハムカツ

安くてうまい定食メニューのいちおしです

①ハム2枚を重ねて塩こしょうをふる。

②ハムに薄力粉、溶き卵、パン粉の順に衣をつける。

③170度の油で、②を手早く揚げる。

ウスターソースをたっぷりかけて

アレンジ

スライスチーズやポテトサラダをはさんで揚げれば、ボリュームのあるおかずになる。サンドイッチ用のパンにはさめばハムカツサンド。お弁当や夜食にもぴったり。

ここはこうする！

ハムは１枚だけでは油を吸ってしまうので、２～３枚重ねて揚げる。厚切りのハムを使ってもよい。揚げるときは、ハムがあたたまる程度でOK。揚げすぎるとかたくなるので注意する。

カツ煮

市販のトンカツを使えば時間もぎゅっと短縮

①玉ねぎ1/2コはくし形切りにし、トンカツ1枚は1・5センチ幅に切る。卵1コはざっと溶きほぐす。

②フライパンに水1カップ、しょう油、みりん各大さじ1、砂糖小さじ1、玉ねぎを入れて4分煮る。

③②にトンカツを入れて2分ほど煮てから、溶き卵を流し入れて30秒煮て火をとめ、ふたをして蒸らす。

煮汁のしみたカツでごはんもがっつり
半熟卵がまろやか

アレンジ

ごはんにのせればカツ丼に。カツ丼にする場合は水の量を控えめにして濃いめの味つけにするとおいしい。トンカツのかわりにチキンカツを使ってもOK。

もうひと手間

トンカツは自分で揚げるとまた格別。両面とも筋切り（17ページ参照）した豚ロース肉に軽く塩こしょうをふり、薄力粉、溶き卵、パン粉の順に衣をつけ170度の油で4分揚げる。

肉詰めピーマン

冷めてもおいしい、お弁当にも大活躍のおかずです

①合びき肉100gに玉ねぎのみじん切り大さじ1、塩、こしょう各少々、パン粉大さじ1を加えてねる。

②ピーマン2コを縦半分に切り、種とわたを取り除いて内側に薄力粉をはたき、①をきっちり詰める。

③油少々を熱したフライパンに②の肉の面を下にして並べ、焼き色がついたら酒、水各大さじ1を加えてふたをして弱火で3分蒸し焼きにする。ケチャップをそえて。

アレンジ

焼き汁にウスターソースとケチャップ各大さじ1を加えて煮詰めたソースをかけても美味。肉詰めピーマンをコンソメスープ½カップとトマトジュース½カップを合わせたもので煮てもおいしい。

ここはこうする！

肉は焼くとちぢむので、具はなるべくきっちりと詰めて。パプリカでも同様に作れるが、その場合は水の量を増やし、5分ほど長めに蒸し焼きにしてなかまでしっかり火をとおす。

ロール白菜

和風仕立ての煮汁でじっくり煮込みました

① 合びき肉100g、おろし玉ねぎ、パン粉各大さじ2、塩、こしょうを合わせてよく混ぜ、3等分する。

② 白菜3枚をさっとゆで、①を俵形にしてそれぞれの白菜にのせ、きつめに巻いて形を整える。

③ ②の巻き終わりを下にして鍋に並べ、だし汁1と1/2カップ、しょう油小さじ2、みりん、酒各大さじ1/2を加え、中火で15分煮る。

白菜があまくてとろ〜り
煮汁をたっぷり含んだ肉がおいしい

アレンジ

仕上げに水溶き片栗粉でとろみをつければ、たれが白菜にからみやすい。煮汁にごま油、しょうが汁を加えれば中華風。最後にゆでたスパゲティを加えてさっと煮れば、スープスパゲティ風に。

ここはこうする！

ゆでた白菜は軸を手前にして広げ、まんなかより少し下に具を横長にのせてきゅっとひと巻きする。そのあと両側を折ってくるくる巻いていくと、形よく仕上がる。

ぎょうざ

外はパリッ、なかはジューシーな人気のひと皿

①白菜は軽くゆで、細かく刻んで水気をしぼる。

②豚ひき肉に①、ねぎのみじん切り、おろししょうが、砂糖、ごま油、しょう油を加えてよくねる。

③②をぎょうざの皮で包んでサラダ油を熱したフライパンで焼き、焼き色がついたら熱湯を注いでふたをする。3分たったらふたを取って強火で水分をとばし、ごま油をふる。

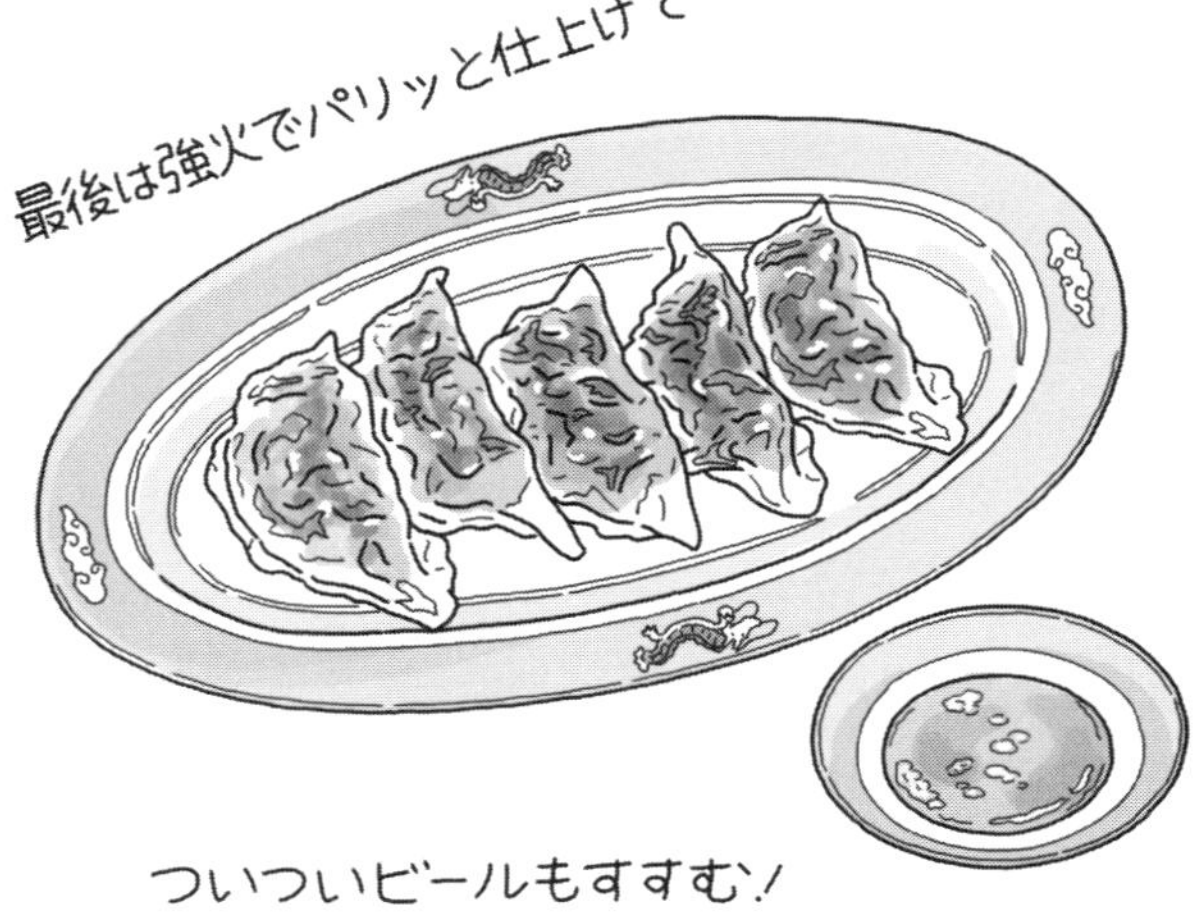
最後は強火でパリッと仕上げて
ついついビールもすすむ!

アレンジ

白菜のかわりにきゃべつとにらでも。きゃべつはみじん切りにして塩をふって軽くもみ、汁気をしぼってから使用する。にらはきゃべつの1/5量を目安に。

ここはこうする!

ぎょうざの皮のまんなかに具をのせたら、皮の上半分の周囲に水をぬり、ヒダを作りながら包み込む。蒸し焼きのときに注ぐ熱湯は1/3カップを目安に。あまった焼きぎょうざは冷凍しておく。

豚肉とたけのこの細切り炒め

ごはんのおかずに酒のおともに大活躍のチンジャオロース

①豚もも肉70gは細切りにして酒、しょう油各少々をまぶす。ゆでたけのこ50gとピーマン2コは細切りにする。

②オイスターソース、しょう油、酒各大さじ1/2と砂糖小さじ1を混ぜ合わせる。

③みじん切りにしたにんにくとしょうがをサラダ油で炒め、豚肉、たけのこ、ピーマンの順に手早く炒め合わせて②を加え、水溶き片栗粉少々でとろみをつける。

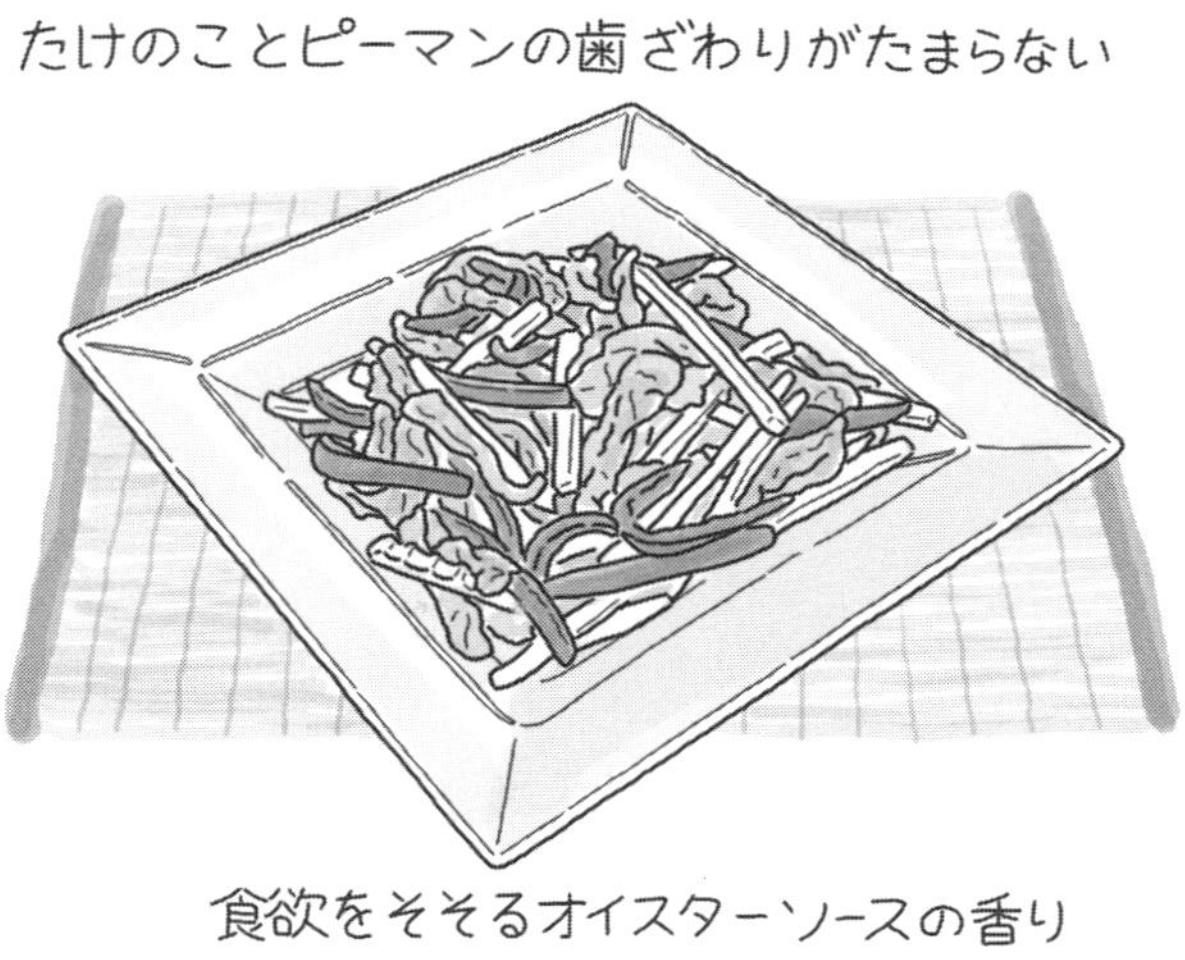
たけのことピーマンの歯ざわりがたまらない
食欲をそそるオイスターソースの香り

アレンジ

赤ピーマンを加えると彩りもきれい。豚肉のかわりに牛肉で作ればチンジャオニューロースに。ラーメンにのせても美味。冷蔵庫で3日間保存できるので多めに作っておくと便利。

ここはこうする！

最初に下ごしらえした材料と合わせ調味料を用意しておき、一気に炒めて仕上げるのがおいしさのコツ。市販の水煮した細切りのたけのこを使えば切る手間が省ける。

肉野菜炒め

いつもの肉野菜炒めにオイスターソースのコクをプラス

①キャベツ2枚はざく切り、にんじん4センチは短冊切りにする。もやし50gは洗って水気をきる。

②豚こま切れ肉50gをサラダ油で手早く炒めて塩こしょうをふる。

③キャベツ、にんじん、もやしの順に加えて炒め、酒、オイスターソース、しょう油各小さじ1を加え、炒め合わせる。

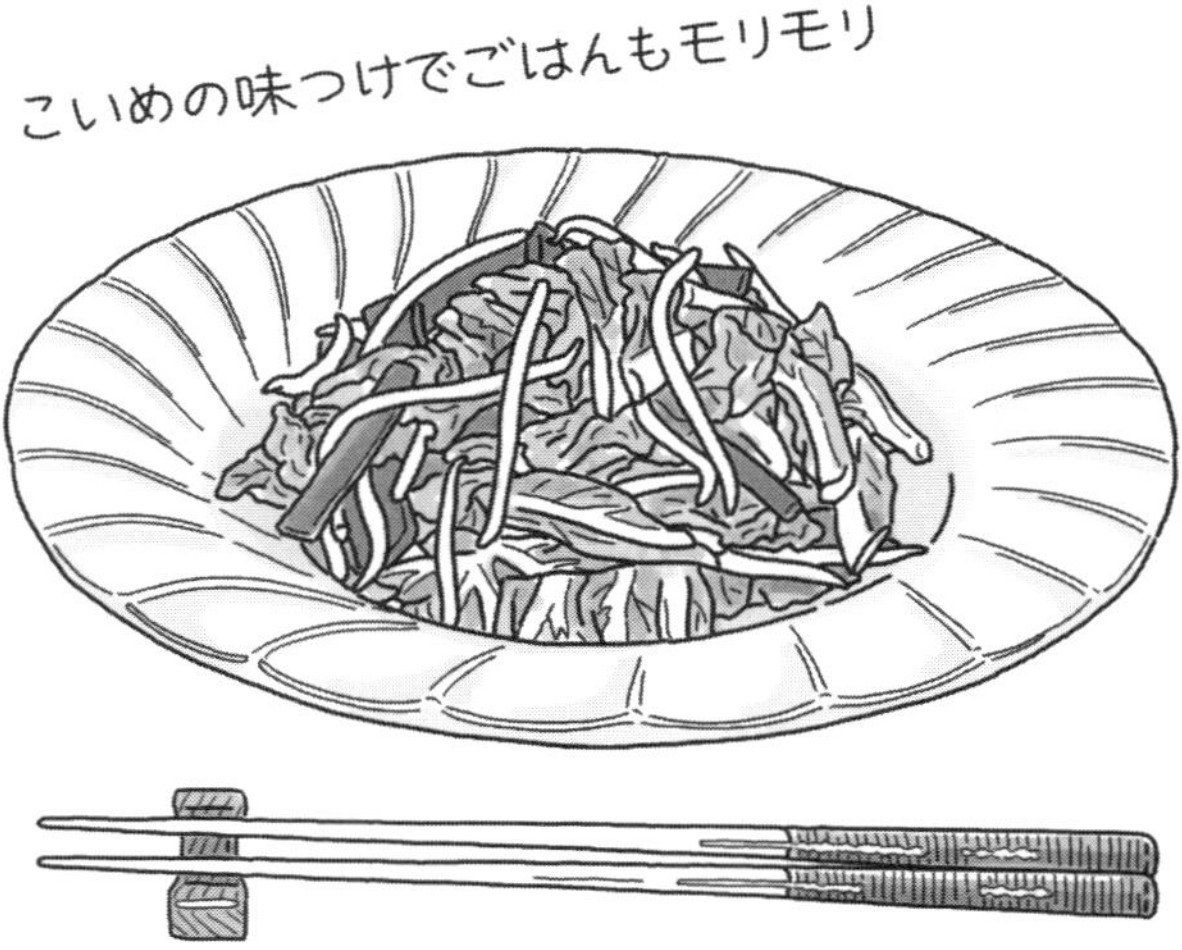
こいめの味つけでごはんもモリモリ

アレンジ

みじん切りにしたにんにくとしょうがを炒め、香りが出たら肉、野菜の順に炒め、仕上げに香りづけとしてごま油少々を落とすと、ラーメン屋風の肉野菜炒めに。

ここはこうする！

「短冊切り」

薄く長方形に切る。

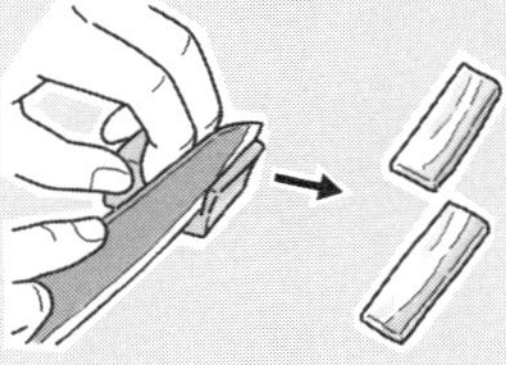

レバニラ

スタミナたっぷり、疲労回復におすすめのおかずです

①豚レバー80gは水につけて血抜きをし、しょうが汁小さじ1/2、しょう油、酒各小さじ1をよくまぶす。

②しょう油、酒各大さじ1/2、砂糖各小さじ1/2を混ぜ合わせておく。

③レバーの汁気をふき取ってサラダ油大さじ1で炒め、もやし50g、ざく切りにしたにら1/2束を順に加え、②を加えて全体を炒め合わせる。

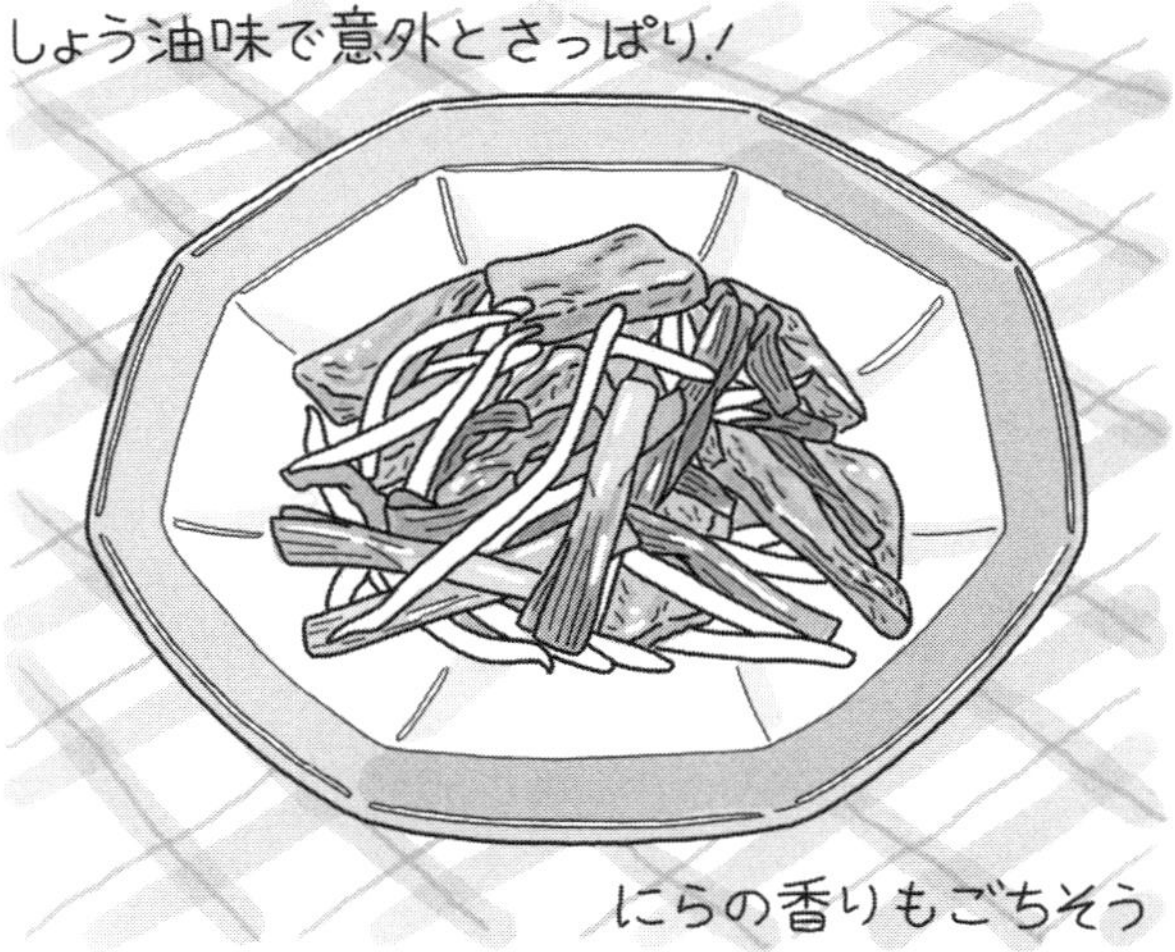
しょう油味で意外とさっぱり!
にらの香りもごちそう

アレンジ

豚レバーのかわりに牛レバーでもおいしく作れる。また、玉ねぎを入れれば甘味が加わって食べやすくなる。ピリッとさせたいときは、たれに唐辛子や豆板醤を加えて。

もうひと手間

レバーの汁気をよくふき取ったら片栗粉をまぶしつけ、多めの油で炒めてからいったん取り出し、もやしとにらを炒めて調味したあとにもどし入れれば、舌ざわりも味もグレードアップ。

さらにおいしく。

おいしいだしのとり方

顆粒だしを使えば手軽ですが、自分でだしをとって作った料理の味はまた格別。ここでは、うまみとコクがあり、みそ汁や煮物によく合う昆布とかつおの合わせだしの作り方（2カップ弱分）を紹介します。冷蔵庫で2～3日保存が可能なので、多めに作っておくと便利。保存する場合は必ず冷ましてから冷蔵庫に入れましょう。

1 鍋に水2カップ、昆布10センチ1枚を入れ、弱火にかける。
2 沸騰直前に昆布を取り出す。
3 沸騰したら削りがつお1パック（5グラム）を加えて2～3分煮る。
4 火をとめ、削りがつおが鍋底にすっかり沈むまでおく。
5 だしをざるでこす。

残った昆布は細切りにして水で柔らかく煮て、しょう油、みりん、酒で調味し、残った削りがつおを加えて煮ればおいしい佃煮に。

日替わり魚料理

秋はさんま、
冬はぶりと、季節な
らではの味を楽しめるの
が魚定食の醍醐味。ヘル
シーなのもうれしい
ところです。

ぶりの照り焼き

魚の照り焼きといえばこれ！　思わずはしがすすみます

①みりん、酒、しょう油各小さじ2を合わせ、ぶりの切り身を20分ほど漬ける。

②ぶりの汁気をふき取り、グリルで7～8分、途中で1度上下を返して焼く。

③①の漬け汁を煮立て、ぶりにはけで2～3回ぬりながら乾かす程度に焼いて最後にひとぬりして照りを出す。大根おろしをそえて。

とろっとした甘辛のたれがたまらない！

アレンジ

ぶりのなべ照り焼きならもっと簡単。フライパンに油少々を熱してぶりを焼き、火がとおったら漬け汁を加えてフライパンをゆすってからめる。

ここはこうする！

漬け汁に漬ける際、途中で１度、上下を返すと味がしみ込みやすい。ぶりの臭みが気になる場合は、塩少々をふってしばらくおき、水気をふき取ってから下味をつける。

ぶり大根

あぶらののったぶりと根菜の煮物は冬料理の傑作

①大根6センチ（１５０ｇ）は皮をむいて2センチ厚さの半月切りにする。ぶりの切り身はひと口大に切る。

②大根を5分ほど下ゆでして取り出し、下ゆでに使った湯をぶりにまわしかけアクを取る。

③鍋にしょう油大さじ2、砂糖大さじ$\frac{1}{2}$、みりん、酒各大さじ1を合わせ、大根、ぶり、しょうがのせん切りを入れて水1カップを注ぎ20分ほど煮る。

ぶりの身がふっくらほろり
味のしっかりしみた大根がおいしい

アレンジ

唐辛子を１～２本入れて煮ると、酒にもよく合うピリッとした煮物に。かぶでも同様においしく作ることができる。かぶは煮くずれしやすいので、様子を見ながら調理時間を加減する。

ここはこうする！

最初に大根を並べ、その上にぶり、しょうがを順にのせて煮るとぶりのうまみが大根によくしみ込む。最後に火を強め、鍋をゆすって煮汁をまわしながらこってり煮上げるのがコツ。

さばの竜田揚げ

こんがりと香ばしい香りが食欲をそそります

①さばの切り身100gは3センチ幅のそぎ切りにして、しょうが汁小さじ1/2、しょう油、酒各小さじ1、みりん小さじ1/2に5分漬ける。

②ピーマンはくし形切りにして160度の油で色よく揚げ、塩をふる。

③さばの汁気をふき取って片栗粉をまぶしつけ、170度の油で2分揚げる。ピーマンと一緒に盛りつける。

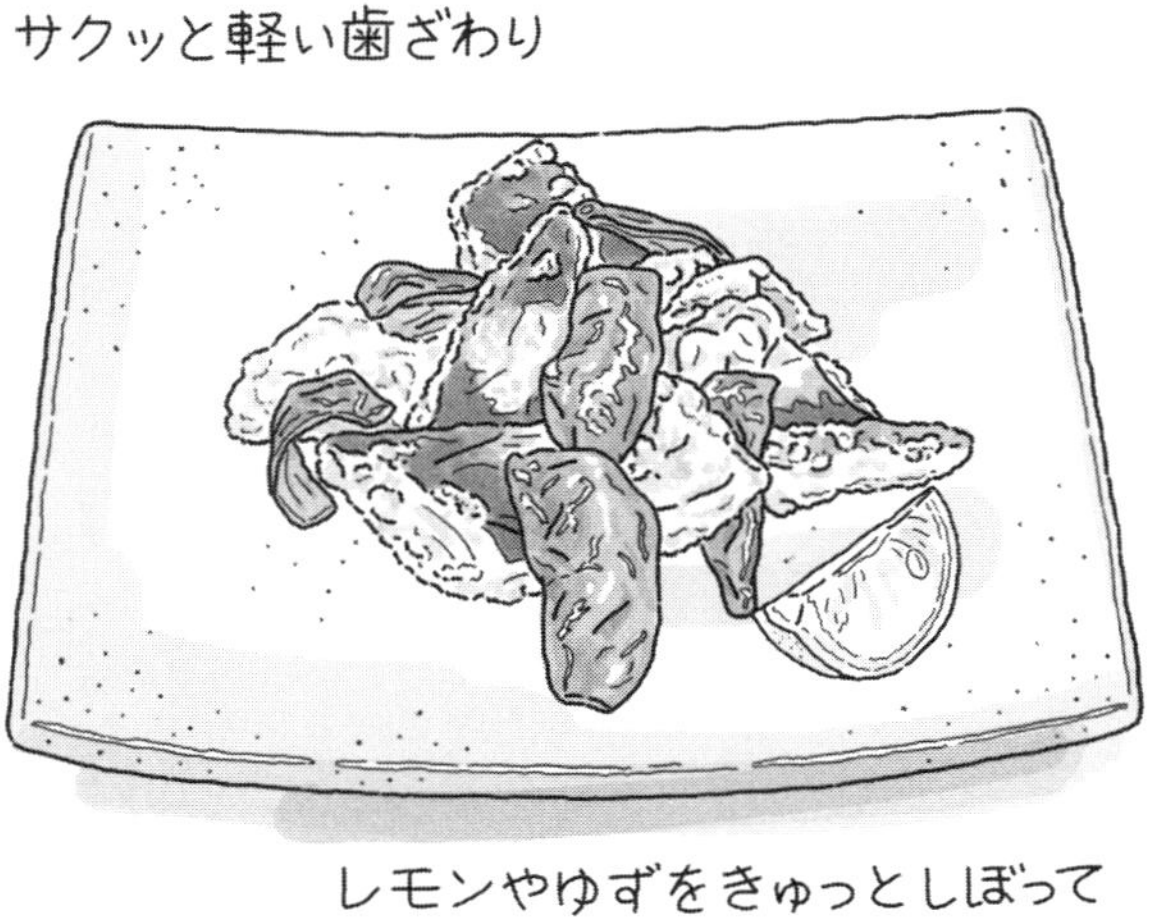
サクッと軽い歯ざわり
レモンやゆずをきゅっとしぼって

アレンジ

薄力粉をつけて揚げるとまた違った食感が楽しめる。揚げたあと、みりん、しょう油各大さじ1、水大さじ4を合わせて煮立てた汁でさっと煮てもおいしい。

ここはこうする！

さばは三枚におろしたものを求める。残ったら、みそ煮（26ページ参照）や塩焼きにしても。竜田揚げは冷めてもおいしいので、多めに作っておけば翌日の弁当にも利用できる。

いわしの蒲焼き

いわしをふっくら照りよく焼き上げました

① いわし2尾は手開きにして中骨を取り除き、しょう油、みりん各小さじ2、しょうが汁小さじ1/2に10分漬ける。

② しょう油、酒、みりん、水各小さじ2、砂糖小さじ1を混ぜ合わせておく。

③ いわしの汁気をふき取り、薄力粉をまぶしつけてサラダ油大さじ1/2で両面を焼き、②を加えてからめる。しょうがの甘酢漬けをそえる。

つやつや、甘辛のたれがたまらない！

うなぎの蒲焼きにひけをとらないおいしさ

アレンジ

三枚におろしたさんまやあじで作ってもおいしい。青魚は特有のクセがあるので、あらかじめ下味をつけ、たれは別に作っておいてからめるとすっきり仕上がる。

ここはこうする！

［いわしの手開き］
頭を落とし、腹を斜めに切って内臓を出し、中骨に沿って指を進める。

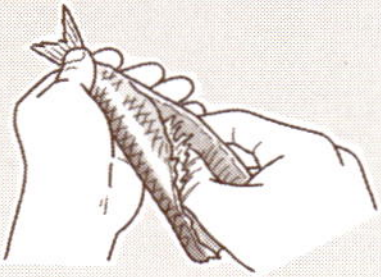

さんまの塩焼き

グリルや焼き網を使わずフライパンで焼きました

① さんま1尾は頭を落とし、内臓を取り出して半分の長さに切り、塩水で洗って塩小さじ$\frac{1}{2}$を両面にふる。

② フライパンにサラダ油を中火で熱し、水気をふき取ったさんまを入れる。

③ こんがり焼き色がついたら裏返し、火を弱めて3分ほど焼く。大根おろしをそえ、しょう油をかける。

さんまにはやっぱり大根おろし
旬のさんまはあぶらがのって最高！

アレンジ

炊きたてのごはん1膳に、しょう油、酒各小さじ1、しょうがのみじん切り小さじ1、ほぐしたさんまの身を加えてざっと混ぜ合わせると、さんまごはんのできあがり。

ここはこうする！

グリルや焼き網を使って焼く場合は、さんまの水気をよくふき取り、盛りつけたとき表になるほうから焼いていく。6～7割がた火がとおったら裏返してなかまで焼く。

銀だらの甘みそ焼き

甘みそが上品でリッチな味わいをかもし出します

①みそ、水各大さじ1、砂糖、みりん、酒各小さじ1をよく混ぜ合わせ、銀だらの切り身を30分漬ける。

②銀だらの漬けだれをしごき取り、サラダ油少々を熱したフライパンで両面を焼いて端によせ、玉ねぎの輪切りを加えて炒める。

③しごき取ったたれを加えて全体によくからめ、照りよく焼き上げる。

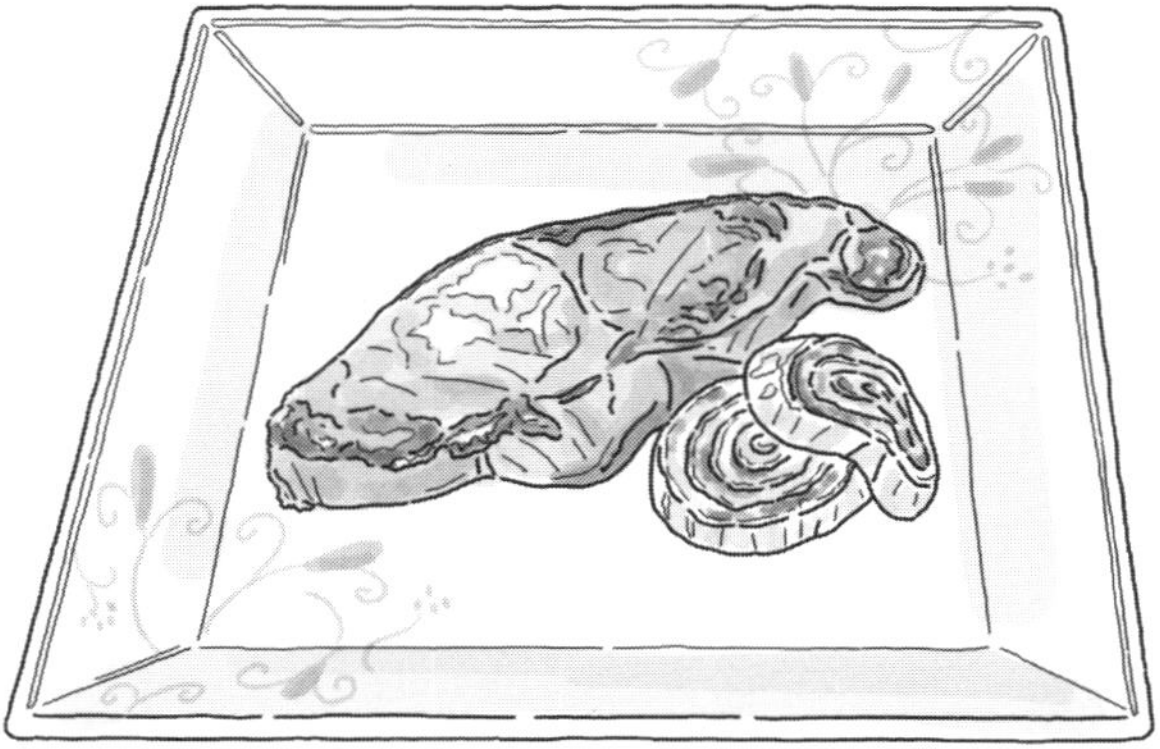

ほのかなみそ風味がごはんにぴったり！

アレンジ

みそは白、赤、合わせどれでもおいしい。白みそを使用すればより甘く、赤みそを使用すればきりっとした味わいになる。みそをしょう油にかえれば照り焼きに。

ここはこうする！

切り身の魚を扱う場合、さっと洗って水気をよくふき取ってから調理すると衛生面でも安心。漬けだれに切り身を漬けるとき、途中上下を返したほうが味がよくなじむ。

たらの酒蒸し

フライパンで簡単に作れるホイル蒸しです

① 30センチ長さに切ったアルミホイルの中央に甘塩たらの切り身をのせる。

② しめじの石づきを取ってほぐして①のたらにそえ、酒大さじ2をふって包む。

③ フライパンに②を入れ、水を2センチ高さまで注いでふたをし、5分ほど蒸し焼きにする。レモンをそえる。

しょう油やぽん酢しょう油をたらして
素材の味を存分に堪能しよう

アレンジ

たらに酒をふったあとマヨネーズをぬって蒸し焼きにしてもおいしい。食べるときにしょう油をたらして。蒸し焼きにしたあと天津丼の甘酢あん（174ページ参照）をかけても美味。

ここはこうする！

ホイルのなかに水が入らないよう、口元はきっちりしめること。たらのかわりに生さけ、しめじのかわりにしいたけ、えのきだけ、まいたけ、エリンギでもOK。

さけのムニエル

簡単、それでいて豪華な洋食メニュー

① 生さけの切り身は両面に塩こしょうをふり、薄力粉をまぶしつける。

② フライパンにサラダ油小さじ2を熱してさけの両面をこんがりと焼いて火を弱め、ふたをして4分ほど蒸し焼きにする。

③ ②にバター小さじ1を加えてカリッと焼き上げる。タルタルソース（47ページ参照）をたっぷりかける。

仕上げのバターが味の決め手

淡泊なさけに
濃厚なタルタルソースがベストマッチ

アレンジ

さけが焼き上がったらしょう油、みりん各小さじ½を合わせてかければ和風ムニエルに。ズッキーニ、トマト、なす、ピーマンなどを一緒に焼いてそえても。

もうひと手間

バターと一緒にワインまたは酒をふって蒸し焼きにするとぐっと風味が増す。タルタルソースにレモン汁を加えるとレモンタルタルソースのできあがり。

さけのちゃんちゃん焼き

野菜もたっぷり食べられる北海道の郷土料理

①みそ大さじ1と1/2、酒、みりん各大さじ1を混ぜ合わせる。

②1センチ幅の輪切りにした玉ねぎとじゃがいもをサラダ油をひいたフライパンで炒めて横に寄せ、生さけの切り身を入れて両面を焼く。

③②にざく切りにしたきゃべつをのせ、①をかけてふたをして3分ほど蒸し焼きにしたらバターをのせる。

さけをほぐして全体をよく混ぜて食べよう!
焼けたみそだれの香りが鼻をくすぐる

アレンジ

いかやほたて、とうもろこし、にんじん、もやし、ピーマン、しめじなどを加えれば海の幸と山の幸がたっぷり入った、ボリューム満点のおかずに。

ここはこうする!

甘めの味が好みなら、たれに砂糖をたすとよい。塩さけを使用すると塩辛くなるので、できるだけ生さけまたは甘塩さけを使用して。ただし、甘塩さけの場合はみその量を加減する。

小あじの南蛮漬け

カルシウムたっぷり、あじを丸ごといただけます

①小あじ5～6尾はぜいご、えら、内臓を取り除き、洗って水気をふき取る。

②酢大さじ1と1/2、しょう油、水各大さじ1、みりん小さじ1、ねぎとしょうがのせん切り少々、輪切りにした赤唐辛子を混ぜ合わせる。

③170度の油であじを5分ほどカラッと揚げ、熱いうちに②に漬け込む。

かむとしみ出る甘ずっぱいたれ

骨ごとバリバリいきたい

アレンジ

きゅうり、セロリ、玉ねぎをせん切りにして漬けだれに加えればサラダ風南蛮漬けに。あじのかわりに、わかさぎや鶏のから揚げ、さばの竜田揚げを漬けても美味。

ここはこうする！

「あじの下処理」

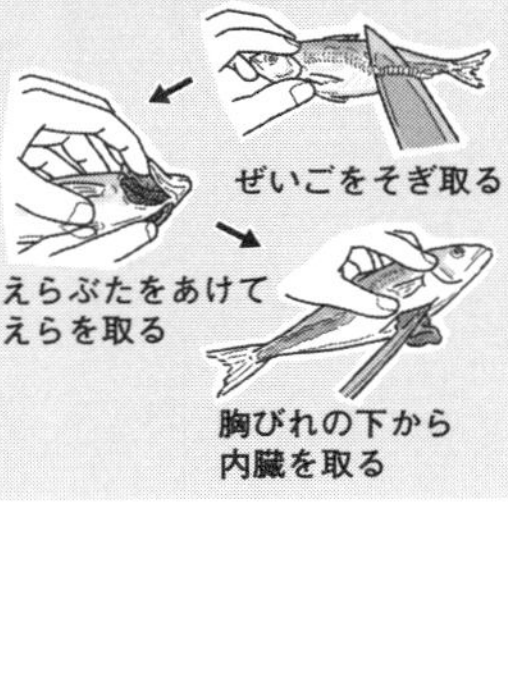
ぜいごをそぎ取る
えらぶたをあけて
えらを取る
胸びれの下から
内臓を取る

なめろう

細かく切った刺身をみそと薬味であえた漁師料理

①あじの刺身は細かく切る。

②まな板に①をおき、みそ大さじ1/2、長ねぎのみじん切り大さじ1、しょうが少々をのせて包丁で軽くたたく。

③しその上に②をこんもりと盛りつける。

酒肴にもおすすめ！
酢をたらしたさっぱり味もいける

アレンジ

たたいたものを楕円形にまとめ、油を熱したフライパンで両面をこんがり焼くとさんが焼きに。しそで包んで焼くとより風味も豊か。

ここはこうする！

あじはもちろん自分でおろしても OK。長ねぎのかわりに玉ねぎのみじん切りを使ってもよい。よくたたいてねばりを出すと、また違った味わいが楽しめる。

かつおのたたき

フライパンで作る失敗なしのたたきです

①しょう油、酒、酢各小さじ2を合わせる。

②サク取りしたかつおの背身（皮つき）は皮を下にしてサラダ油少々を熱したフライパンに入れ、強火で皮から順に表面全体を焼きつける。

③②を7～8ミリ厚さに切って盛りつけ、玉ねぎとみょうがの薄切り、小ねぎの小口切りを散らし、①をかけ、おろしたにんにくとしょうがをそえる。

薬味とたれはたっぷりがおいしい！

アレンジ

残ったかつおはひと口大に切って湯どおしし、しょうがのせん切り、しょう油大さじ2½、砂糖、みりん、酒各小さじ2、水⅔カップの煮汁で30分煮るとかつおの角煮が楽しめる。

ここはこうする！

金串を数本さして直火で表面を焼きつければ本格的なたたきに。表面に焼き色をつけるだけで、なかまで火をとおさないようにする。

いかのしょうが焼き

食欲そそる、しょうゆの香ばしさとしょうがの風味

①するめいかの足とわたを取り、胴のなかをきれいに洗って1センチ幅の輪切りにする。

②しょう油、酒各大さじ1、おろししょうが小さじ2を合わせ、①を5分漬ける。

③フライパンにサラダ油を熱し、汁気をきった②を手早く炒めて漬け汁を入れてからめる。

お好みでマヨネーズや七味唐辛子をそえて

晩酌のおつまみにも最高!

アレンジ

焼き上がったいかを食べやすい大きさに切って焼きそばに入れると、しょうが風味の焼きそばに。お好み焼きに加えてもおいしい。漬け汁におろしにんにくをプラスすればさらに香ばしい。

ここはこうする!

「するめいかの下処理」胴のなかに指を入れ、足のつけ根をはずし足とわたをゆっくり引き抜く。

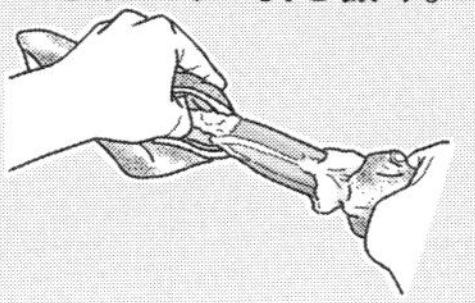

ほたてのバターじょう油炒め

バターじょう油のふくよかな味と香りがたまりません

①ほたて（ボイル）3コはサラダ油を熱したフライパンに入れ、両面に焼き色がついたら軸を取ってそぎ切りにし、たしいたけを加える。

②①に酒大さじ1をふり入れ、ふたをして2分ほど蒸し焼きにする。

③バター、しょう油各小さじ1を加え、鍋をゆすってほたてとしいたけにからめる。

ほたての身がふっくら柔らか

アレンジ

バターじょう油のほたてとしいたけを小さく切ってゆでたうどんと一緒に炒め、しょう油で味をととのえ小ねぎの小口切りを散らせばバター風味の焼きうどんに。チャーハンに入れても美味。

ここはこうする！

最初にサラダ油で炒めてからバターを加えると、味がしつこくならない。生食用のほたてを使用するときは、火をとおしすぎるとかたくなるので注意する。

えびチリ

えび好きにはたまらない中華の人気メニューです

①えび6尾は下処理してから水気をふき取り、塩、酒各少々をまぶす。

②ケチャップ、しょう油、砂糖、酒各小さじ2、豆板醤小さじ$\frac{1}{2}$、水$\frac{1}{4}$カップを合わせておく。

③みじん切りにしたにんにく、しょうが、玉ねぎをサラダ油で炒め、水気をふいたえびを加えて炒め合わせ、②を加えて2分ほど煮て水溶き片栗粉でとろみをつける。

えびがぷりっぷりっ!
甘辛のケチャップあんがトロリ

アレンジ

うずらのゆで卵、しめじ、エリンギを一緒に炒めるとボリュームもアップ。えびのかわりにいかの輪切りやほたてでもおいしく作れる。

ここはこうする!

「えびの下処理」

有頭えびは頭をひっぱって背わたも一緒に取り、殻をむいて背を切り開く。無頭えびは殻をむき背を開いて背わたを取る。片栗粉と水をふりかけてもみ、水でよく洗う。

海鮮チゲ

キムチ効果でからだも心もほっかほか

①甘塩たらの切り身は4つに、豆腐は食べやすい大きさに切る。

②鍋に水1カップを煮立て、鶏がらスープの素、砂糖各小さじ1、みそ、コチュジャン、酒各大さじ1/2を加えて混ぜる。

③②にたらと豆腐を加え、3分ほど煮てからキムチ100gを汁ごと加えてさらに2～3分煮る。

グツグツ煮立ったところをテーブルに

アレンジ

えび、たこ、ほたて、あさりなどをプラスしてもおいしい。ひき割り納豆を加えると複雑な味をかもし出し、やみつきになりそう。たらのかわりに豚肉をさっと炒めて調理すれば豚キムチチゲ。

ここはこうする！

甘塩たらはさっと湯どおしすれば、特有のクセが抜ける。コチュジャンがなければおろしにんにく、砂糖、みそを混ぜたものでも代用可能。仕上げにごま油をたらすとコクが出る。

さらにおいしく。

水加減、火加減、油の温度の目安

料理のよしあしは、調味料のほかに水加減、火加減、油の温度も大きく左右してきます。これらを誤ったために失敗することも多いので、目安をしっかり覚えておきましょう。

【水加減】

ひたひた…鍋などに材料をたいらに入れ、材料の頭が見え隠れするくらいに水を注ぐ。

かぶるくらい…材料全体がぎりぎり隠れるように水を注ぐ。

たっぷり…材料全体がすっかり隠れ、さらに数センチの高さまで水を注ぐ。野菜やパスタをゆでる場合の水量は、鍋の2/3くらいまで。

【火加減】

弱火…炎の先端が鍋やフライパンの底に触れるか触れない程度。

中火…炎の先端が鍋やフライパンの底にちょうど触れる程度。

強火…炎が鍋底全体をおおう程度。

【油の温度】（パン粉ひとつまみ、またはてんぷら衣1滴を落としてみる）

160**度前後**…鍋底にいったんついて、すぐに浮き上がってくる。

170**度前後**…鍋底につかず、途中で浮き上がってくる。

180**度前後**…入れたらすぐに広がる。

小鉢でもう一品

どこかなつかしい、ほっとするおそうざい。小鉢をひとつそえるだけで食卓は華やかに、栄養のバランスもとることができます。

筑前煮

根菜たっぷりのからだにうれしい副菜です

①こんにゃく1/4枚は2センチ角に切って下ゆで、しいたけ1枚はそぎ切り、ごぼう、にんじん、れんこん各50gは乱切りにしてごぼうは下ゆで、れんこんは水にさらす。

②鶏こま切れ肉30g、れんこん以外の①をサラダ油で炒め、水1/3カップを注いで煮立ったらしょう油大さじ1、砂糖、みりん、酒各小さじ1を加え中火で15分煮る。

③②にれんこんを加えて火を強め、2分ほどいりつける。

いろいろな歯ごたえを楽しみたい

アレンジ

細かく刻んでごはんに混ぜれば五目ごはん、酢飯に混ぜれば五目寿司を作ることができる。最後に錦糸卵を散らすと見た目も豪華に。

ここはこうする！

「乱切り」

野菜を手前にまわしながら斜めに包丁を入れる。

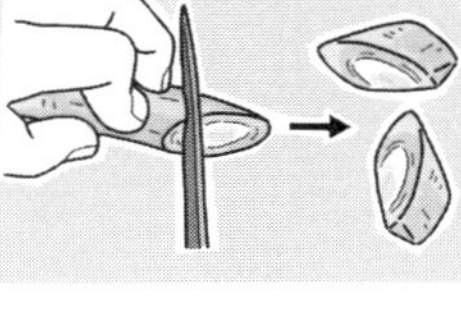

牛肉のしぐれ煮

しょうがの風味をきかせ、しっとり甘辛に仕上げました

① 牛切り落とし肉70gは食べやすい大きさに切り、しょうが1かけはせん切りにする。

② 水1カップ、しょう油大さじ1、砂糖、みりん、酒各小さじ1を合わせ、しょうがを入れて煮立てる。

③ ②に牛肉をほぐし入れ、ときどき混ぜながら中火で10分ほど煮る。

甘辛味でごはんがすすむ
七味唐辛子をふって酒の肴にも

アレンジ

卵とじにしたり、白菜のざく切りと酒、みりんを加えて煮てすき焼き風煮物にしてもおいしい。かけうどんにしぐれ煮と刻みねぎをたっぷり盛れば、あっという間に肉うどんが完成。

ここはこうする！

牛肉は鍋に加えたら１枚ずつはがすように菜ばしでほぐす。途中で煮直せば冷蔵庫で１週間保存が可能なので、多めに作っておくとなにかと重宝。汁気を残して仕上げ、煮汁ごと密閉容器に。

五目豆

大豆と根菜で作る昔ながらのおそうざい

①ごぼう5センチは3ミリ厚さのいちょう切りにして下ゆでし、こんにゃく少々は1センチ角に切ってゆでる。にんじん1センチ、昆布3センチも小さめの角切りにする。

②鍋に①を入れ、水$\frac{2}{3}$カップを注いで煮立ったら火を弱め15分煮る。

③しょう油大さじ1、砂糖大さじ$\frac{1}{2}$を加え、大豆の水煮$\frac{1}{2}$缶を水気をきって加え5分ほど煮る。

豆がほっくり柔らか
からだにやさしい味

アレンジ

あまった大豆でもう一品。にんにくとベーコンをみじん切りにして炒め、水気をきった大豆を入れて塩、こしょう、トマトジュース、チリペッパーを加えて煮るとチリビーンズに。

ここはこうする！

「いちょう切り」

野菜を縦４つ割りにし、はしから同じ厚さに切る。

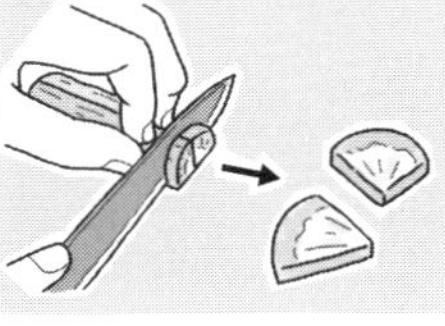

ひじきの煮物

ミネラル豊富なひじきをシンプルに煮ました

①長ひじき（乾燥）10gは洗ってから水につけてもどし、食べやすい大きさに切る。ちくわは輪切りにする。

②サラダ油で①を炒め、水$\frac{1}{4}$カップを加える。

③②が煮立ったら、しょう油、みりん各小さじ2を加え、ときどき混ぜながら7～8分煮る。

ちくわのだしがうまみをプラス
"ちょっと甘め"がおいしい

アレンジ

汁気をよくしぼってあたたかいごはんに混ぜて食べたり、おにぎりにしても。卵焼きに入れてもおいしい。卵と一緒に溶き混ぜて焼いても、具として巻いてもOK。

もうひと手間

食べやすい大きさに切った鶏もも肉、短冊切りにした油揚げやにんじんをひじきと一緒に炒め、調味料を入れたあとに大豆の水煮を加えて煮ると、さらに栄養満点のひと皿になる。

切り干し大根の土佐煮

削りがつおの風味がきいています

① 切り干し大根10gは洗って水1/4カップに20分つけてもどし、油揚げ1/4枚は熱湯をかけて余分な油を落とし、水気をきって細切りにする。

② 鍋に切り干し大根をもどし汁ごと入れ、油揚げを加えて火にかけ、煮立ったらしょう油大さじ1、酒、みりん各小さじ1を加えて弱火で10分煮る。

③ 削りがつお1/2パックを加え、ひと混ぜする。

油揚げがコクと深みを倍増
シンプルで飽きのこないおいしさ

アレンジ

切り干し大根と油揚げを油で炒めてから煮ればコクがさらに増しておいしい。にんじんのせん切り、かまぼこの細切りを加えてもよい。

ここはこうする！

切り干し大根をもどした水にはたっぷりだしが出ているので、捨てずに利用する。土佐煮は冷蔵庫で２～３日保存が可能。食べるとき煮直すとよい。弁当に入れるときも煮直して。

かぼちゃの煮物

ほっこり甘い、誰もが大好きな味です

①　かぼちゃ100gは種とわたをスプーンで取り除き、4～5等分して面取りする。

②　鍋に①のかぼちゃを入れて水$\frac{1}{2}$カップを注ぎ、強火にかける。

③　煮立ったら火を弱め、3分ほど煮てから砂糖大さじ1を入れて3分煮る。しょう油小さじ1を加え、煮汁をかけながらさらに3分ほど煮る。

少量のしょう油がかぼちゃの甘味を引き立たせる

冷えてもおいしい

アレンジ

鶏ひき肉を加えて煮て、水溶き片栗粉でとろみをつければかぼちゃのそぼろ煮に。皮をむいてかぼちゃをつぶし、ラップに包んで丸め、口をきゅっとしぼって茶巾にすれば上品なお茶うけに。

ここはこうする！

「面取り」

包丁やピーラーで野菜の切り口の角を落とす。

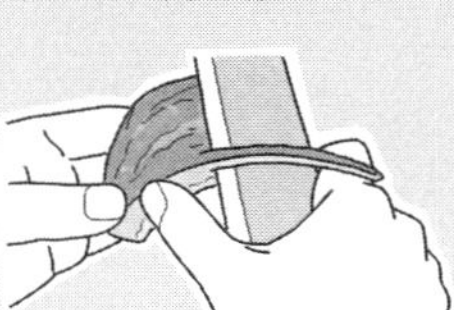

里いもの煮ころがし

昔ながらの味わいにほっとします

①里いも4～5コは下処理してぬめりを落とす。

②鍋に①とだし汁3/4カップを入れ、煮立ったら弱火にしてアクを取って5分煮る。

③砂糖、みりん、酒各大さじ1/2を加えて10分煮て、しょう油小さじ2を加え、鍋をゆすりながら照りよく煮上げる。

里いもがねっとり
つやつやした照りがいかにもおいしそう!

アレンジ

しょう油を半分の小さじ1にし、塩少々を加えて煮ると、割烹料理風の薄い色の煮物に仕上がる。せん切りのゆずをそえればいっそう上品に。

ここはこうする!

「里いもの下処理」

皮をむく前に一度水洗いし、上下を少し切り落としてから縦に皮をむく。皮をむいた里いもは、塩をふってよくもんでから水洗いすると、ぬめりが取れる。

きのこの当座煮

これだけでごはんが何杯も食べられそう

①えのきだけ1/2袋（50g）は根元を切り落としてざく切りにし、なめこ1袋（50g）はざるに入れてふり洗いして水気をきる。

②鍋に①、水大さじ2、しょう油小さじ2、みりん、酒各小さじ1/2、種を取ってちぎった唐辛子少々を入れて火にかける。

③ときどき混ぜながら5分ほど煮る。

つるんとしたのどごし
ごはんにたっぷりかけて

アレンジ

きのこはしいたけ、しめじ、まいたけを使用してもおいしく作れる。かけそばに盛ればきのこそばに、あたためた豆腐にかければ、きのこあんかけ温やっこのできあがり。

ここはこうする!

「ふり洗い」

水をはったボウルになめこを入れたざるを投入し、ざるをやさしくふって洗う。身の柔らかいかきやあさりのむき身などの貝類を洗うときもこの方法で。

小松菜とさつま揚げの煮びたし

さつま揚げでコクを出した青菜たっぷりの小鉢

①小松菜1/2束（100g）は根を取り除いて4センチ長さに切り、さつま揚げ1枚は食べやすい大きさに切る。

②鍋にだし汁1/3カップ、しょう油、酒各小さじ2、さつま揚げを入れて火にかける。

③②が煮立ったら小松菜の茎のほうを加えて2分煮て、葉を加えて1分煮る。

だし汁がしみた小松菜がおいしい

冷めても美味

アレンジ

小松菜を炒めてから煮るとコクが増す。さつま揚げを油抜きした厚揚げや油揚げ、またはちくわにかえても。最後にいりごまをふれば風味も増す。

ここはこうする！

小松菜はアクが少ないので下ゆでせず、直接煮てもよい。最初に茎のほうから入れ、茎が柔らかくなったら葉のほうを加えれば、火が均一にとおる。

焼きなす

フライパンを利用した手間なしの即席焼きなすです

①なす2コはへたを切り落とし、ピーラーで皮をむいて縦半分に切る。

②フライパンにサラダ油大さじ1/2を熱してなすを並べ、両面を焼きつける。酒、水各大さじ1を加えてふたをし、3分ほど蒸し焼きにする。

③なすを縦1センチの厚さに切って盛りつけ、削りがつおをかける。おろししょうが、しょう油をそえて。

しょう油もいいが、ぽん酢しょう油もおいしい！
なすがとろりと柔らか

アレンジ

削りがつおはかけずに、きのこの当座煮（120ページ参照）をかけたり、天津丼の甘酢あん（174ページ参照）をかければメインのおかずにもひけをとらない。焼きなすをみそ汁に加えても美味。

ここはこうする！

皮が真っ黒になるまで網で焼き、冷水にとって皮をむけば本格的な焼きなすに。あまったなすの皮は捨てないで。細切りにして炒めたあと、しょう油、酒、みりんをふって煮詰めればきんぴら風。

なべしぎ

もともとはなすをみそで甘辛く炒めた精進料理です

①みそ大さじ1、水、みりん、砂糖各小さじ2、しょう油、酒各小さじ1を混ぜ合わせておく。

②なす、ピーマン各1コはそれぞれ1センチ幅の輪切りにし、ピーマンの種とわたは取り除く。

③サラダ油大さじ1と1/2でなすをよく炒め、ピーマンと①を加えて炒め合わせる。

これだけでもごはんがすすむ、甘辛のみそだれ

アレンジ

豚薄切り肉や鶏もも肉を食べやすい大きさに切って炒め、なす、ピーマンを加えてたれをからめればメインディッシュに。豆板醤や七味唐辛子を加えたピリ辛味もいける。

もうひと手間

なすとピーマンを素揚げして、煮立てたたれをからめて仕上げれば色つやよく味もグレードアップ。揚げるときには水気をよくふき取ってから。

きんぴら

面倒なささがきもピーラーを使えば簡単

① ごぼう1/2本はピーラーでささがき状にし、水にさらして水気をきる。

② ごま油、サラダ油各小さじ1で①を炒め、しょう油、水各小さじ2、砂糖、みりん、酒各小さじ1を加える。

③ ときどき混ぜながら、汁気がほとんどなくなるまで煮る。一味唐辛子をふって。

ぴりりとした辛さがビールにもぴったり

アレンジ

ごぼうをにんじん、れんこん、大根にかえてもおいしい。にんじんと大根は棒状に切って、れんこんは薄い半月切りにして調理する。

ここはこうする！

ごぼうは4センチ長さに切り、2～3ミリ角の細切りにしてもOK。その際にも必ず水にさらしてアク抜きを忘れずに。また煮る時間がかかるので水は大さじ3にして。

ごぼうサラダ

しゃきしゃきした歯ごたえを堪能したいおなじみのサラダ

①ごぼう1/2本は4センチ長さの細切りにし、水にさらして水気をきる。

②熱湯に塩、酢各少々を加え、①をかためにゆでてざるにあげる。

③粒マスタード、しょう油各小さじ1、マヨネーズ大さじ1を混ぜ合わせ、②をあえる。

食物繊維たっぷりでからだにもうれしい

アレンジ

ピリッとさせたいときは粒マスタードを洋がらし小さじ½にかえて。酢、しょう油、サラダ油を合わせたしょう油ドレッシングであえてもさっぱりとしておいしい。

もうひと手間

細切りにしたにんじん、いちょう切りにしたれんこんをそれぞれさっとゆでて加えれば彩りもきれい。いりごまをふれば、香ばしさもプラス。

ポテトサラダ

ひと手間加えただけでいつもの味がグレードアップ

①フレンチドレッシング小さじ2、溶き辛子少々を合わせ、玉ねぎのみじん切り大さじ1、きゅうりの薄切り1/2本分、細切りにしたハム1枚分を加えて混ぜる。

②じゃがいも1コは皮つきのままラップに包み、電子レンジで柔らかくなるまで4～5分加熱して皮をむき、粗くつぶして①に混ぜる。

③マヨネーズ大さじ2、塩少々で味をととのえる。

マイルドな味はあとをひくおいしさ

アレンジ

溶き辛子を粒マスタードにかえると、辛味がやわらいでマイルドな仕上がりになる。ゆで卵、りんご、干しぶどうを一緒にあえれば彩りも豊かなポテトサラダに。

ここはこうする！

フレンチドレッシングは手作りしても簡単。酢、サラダ油各小さじ１、塩、こしょう各少々をよく混ぜ合わせる。じゃがいもにフレンチドレッシングがよくなじんでからマヨネーズであえる。

いんげんのごまあえ

肉料理にそえたい、色鮮やかな副菜です

① さやいんげん80gは塩少々を加えた熱湯でかためにゆで、水にとって水気をきってぶつ切りにする。

② すりごま大さじ1、しょう油、砂糖各小さじ1を混ぜ、あえ衣を作る。

③ ①を②であえる。

ごまの風味がたまらない

いんげんがしゃきっとおいしい！

アレンジ

ほうれん草、春菊、小松菜などの葉野菜、れんこんやカリフラワーなどもごまだれとよく合う。いずれも、蒸した鶏のささみをさいて加えればボリュームが出る。

ここはこうする！

ごまは白、黒どちらでもおいしい。砂糖の量は好みで調節して。しょう油のかわりにねりごまやみそ、またピーナッツバターなどでもおいしいごまあえに。

菜の花の辛子あえ

ほろ苦さを堪能したい、春限定のメニュー

①菜の花1/2束は根元を切り落としてかためにゆで、3センチ長さに切る。

②ボウルにねり辛子小さじ1/2、しょう油小さじ1、だし汁大さじ1、砂糖少々を合わせよく混ぜる。

③②に①を加えてあえる。

辛子がぴりりときいた大人の味

酒の肴にも喜ばれる

アレンジ

ゆでてあまった菜の花は汁気をしぼり、塩、酒各少々をふって密閉容器に入れれば冷蔵庫で２日は保存可能。そのまま食べたり、汁物の具にしたり、マヨネーズであえたり炒め物にしても。

ここはこうする！

菜の花をゆでるときは茎からゆでる。ゆでたあと、冷水にとりすばやく引き上げると色よく仕上がり、水っぽくならずあえ衣もよくからむ。

アスパラガスの白あえ

あえ衣の作り方を覚えておけば、いろいろ応用がききます

① 木綿豆腐1/4丁をゆでて水気をよくきる。

② アスパラガス3本ははかまを取り除き、1センチ幅の斜め切りにして塩ゆでする。

③ ①の豆腐をスプーンでつぶし、すりごま大さじ1、砂糖、みりん各大さじ1/2、塩少々を加え混ぜて衣を作り、②をあえる。

甘めの味つけでやさしい味わい

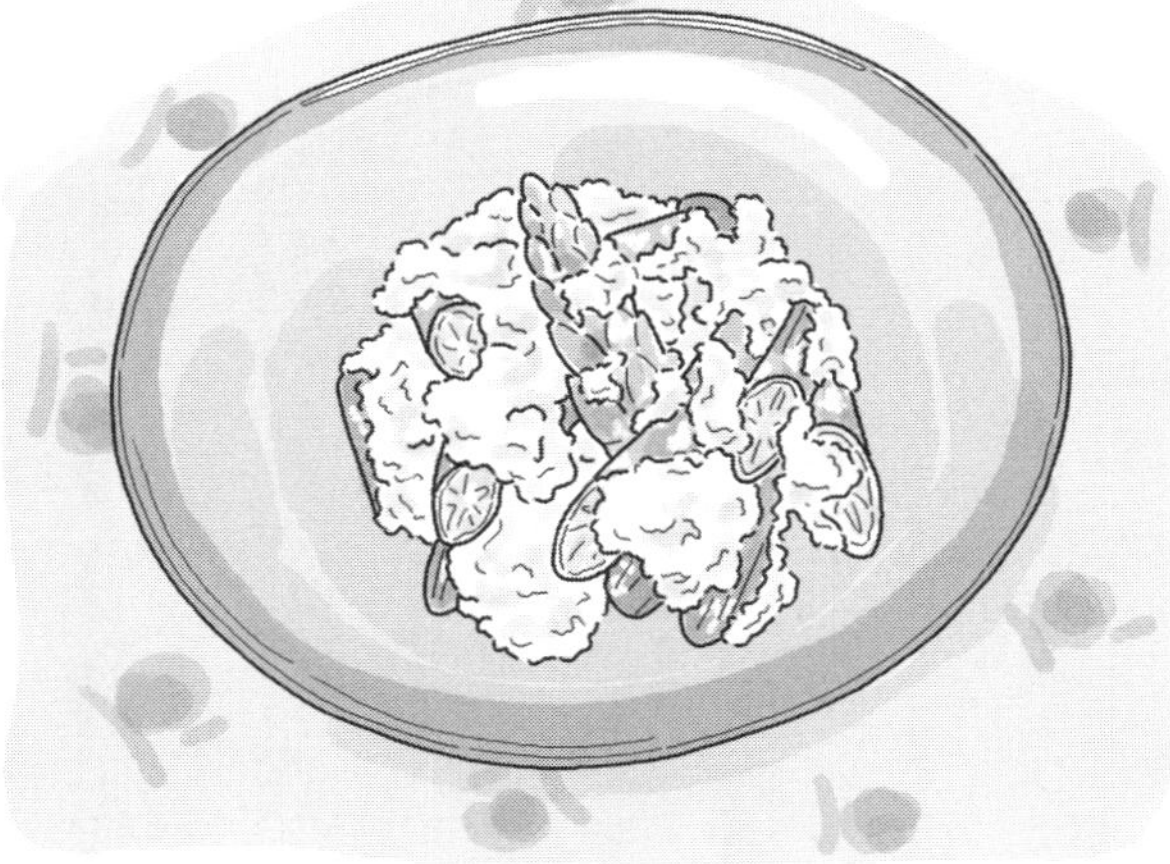

アレンジ

すりごま、マヨネーズ各大さじ１、砂糖大さじ½、塩少々を豆腐と混ぜ合わせた衣でもぜひ作ってみて。クリーミーな味わいが楽しめる。

ここはこうする！

「はかまの取り方」

茎からはえている三角形の部分をはかまという。上のほうは柔らかいので茎のほうだけ取り除く。包丁で頭のほうからそぐようにするか、ピーラーでむく。

はるさめの中華サラダ

ラー油のピリ辛さがたまらない、つるつるサラダ

①はるさめ20gをゆでて冷水にとり、水気をきってざく切りにする。ハム2枚、きゅうり$\frac{1}{2}$本は細切りにする。

②ボウルに酢、しょう油各大さじ1、ごま油小さじ1、砂糖小さじ$\frac{1}{2}$、ラー油少々、ねぎとしょうがのみじん切り各少々を入れてよく混ぜる。

③皿にはるさめを盛りつけ、ハムときゅうりをのせて、②をかける。

ねぎとしょうがの風味がきいている
全体をよく混ぜ合わせて

アレンジ

ハムやきゅうりのほかにかにかまぼこや蒸し鶏、トマトやコーンなどを入れても美味。ドレッシングをかけず、マヨネーズであえただけのはるさめサラダもいける。

ここはこうする！

はるさめは緑豆はるさめがおすすめ。緑豆はるさめはゆでて冷水にとることで、しっかりとした弾力、コシが生まれ、ドレッシングもからみやすくなる。

わけぎのぬた

甘ずっぱい酢みそが素材の味を引き立てます

① わけぎ1/2束は根元を切り落とし、熱湯に茎から入れたら全体を入れてかためにゆで、ざるにのせて冷ます。

② ①の上下をそろえて持ち、水気とぬめりを取り除いて3センチ長さに切る。

③ みそ大さじ1と1/2、砂糖、酢各大さじ1/2を混ぜて②をあえる。

わけぎの歯ざわりを楽しんで

甘ずっぱいたれで食欲がわいてくる

アレンジ

溶き辛子少々を加えれば酒の肴にもよく合う一品になる。まぐろのぶつ切り、さっとゆでたいか、わかめを加えればちょっと豪華。わけぎがなければ長ねぎを斜め切りにしてゆでたものでも美味。

ここはこうする！

「ぬめりの取り方」
わけぎのなかにはぬめりがあり、これが残っているとおいしいぬたができない。冷めたら上下をそろえて持ち、上から小刻みに握ってしごいていくと取れる。

たたき長いものわさびじょう油あえ

長いもの歯ざわりを楽しみたいあえ物

①長いも１００ｇは皮をむいてビニール袋に入れ、びんの底などで粒々が残る程度にたたく。

②①のビニール袋にねりわさび、酒、みりん各小さじ1、塩少々を加える。

③ビニール袋の上からよくもんで全体を混ぜ合わせ、盛りつけて刻みのりをのせる。

長いものしゃりしゃり感もごちそう

アレンジ

ねりわさびのかわりに梅肉を使うと、酸味のきいたさっぱり味に仕上がる。酢、みりん、しょう油各小さじ2を合わせたもので長いもをあえてもおいしい。

ここはこうする！

長いもはすべりやすいので、ピーラーで皮をむくと安全で簡単。長いもが長いようだったら、3～4等分にしてからビニール袋に入れる。たたく道具はすりこ木やめん棒でももちろんOK。

きゅうり沁み

こってり料理のはし休めにどうぞ

①きゅうり1本は薄い輪切りにして塩小さじ1/3をふり、しんなりしたら水気をしぼる。わかめ（塩蔵）5gは水につけてもどし、ざく切りにする。

②酢、水各大さじ1/2、しょう油、砂糖各小さじ1を合わせる。

③②で①をあえ、10分ほどおいて味を含ませる。

さっぱりした味は暑い夏におすすめ
しょうがのすりおろしをそえても

アレンジ

ゆでたえび、いか、たこを加えるとボリュームのある副菜に。かにかまぼこを入れてもよい。ほかの具材を加えるときはきゅうりは半量にして。

ここはこうする！

酢が浸透しすぎるときゅうりが変色するので、味を含ませたらすぐ食べる。水を入れているのでまろやかな味に仕上がっているが、すっぱいのが好きな人は水、砂糖を入れなくてもOK。

いり豆腐

やさしい味わいはどこか懐かしいおそうざい

①サラダ油、ごま油各小さじ1で鶏ひき肉30gをパラパラになるまで炒め、細かく切ったにんじん、しいたけを加えて炒め合わせる。

②木綿豆腐1/4丁をくずし入れ、しょう油小さじ2、砂糖、みりん、酒各小さじ1を加えて3〜4分炒める。

③溶き卵1/2コ分をまわし入れて手早く混ぜ、ゆでてもどした冷凍グリンピースを散らす。

ごはんにのせれば豆腐のそぼろ丼に

アレンジ

ゆでたえびを加えればさらにおいしくて、ボリューム感のあるおそうざいに。刻んだねぎやゆでたけのこの細切りなど、合わせる具は冷蔵庫の残り物で十分。

ここはこうする!

豆腐はゆでてざるにあげ、水気をよくきって使用する。水分をよくとばしてさらっと仕上げるためにも、豆腐は必ず木綿豆腐を使う。彩り用の青みは、ゆでたいんげんやアスパラガスでもよい。

揚げだし豆腐

居酒屋でも大人気のメニューです

①豆腐1|2丁は水きりしてから半分に切り、片栗粉を薄くまぶしつけて170度の油で2分ほど揚げる。

②鍋にだし汁大さじ2、しょう油、みりん、酒各小さじ2を合わせて煮立てる。

③器に①を盛りつけて②をかけ、もみじおろしをのせる。

薄味で上品なかけ汁が美味
あつあつをフーフーしながら

アレンジ

ししとうやピーマンなど青物を一緒に揚げてそえれば彩りもきれい。煮汁にきのこ類を加えれば食べごたえのある一品に。かけ汁に水溶き片栗粉をまわし入れてとろみをつけるとまた格別。

ここはこうする！

揚げるときは水気をよくふき取ってから片栗粉をまぶし、玉じゃくしで油をすくいかけながら揚げると上手に揚がる。もみじおろしは、汁気をきった大根おろしに一味唐辛子を混ぜ合わせて作る。

卵焼き

和定食には欠かせない、ちょっぴり甘めの卵焼き

①卵2コは溶きほぐし、砂糖小さじ2、しょう油小さじ1を加え混ぜる。

②フライパンにサラダ油大さじ1/2を熱して、バター小さじ1を加え①を流し入れる。

③菜ばしで大きく混ぜ、かたまってきたら折りたたんで形作る。染めおろしをそえる。

ちょっと焦げめがついたくらいがおいしそう

アレンジ

ひじきの煮物（112ページ参照）や刻みねぎを入れるとまた違った味わいが楽しめる。溶き卵に牛乳大さじ1を加え、塩こしょうで味をととのえて焼けばオムレツに。

ここはこうする！

染めおろしは大根おろしの汁気をきり、しょう油をかけたもの。卵に混ぜ合わせるしょう油を塩少々にかえると、焼き上がりの色もきれい。

茶碗蒸し

蒸し器がなくても大丈夫、鍋ひとつで作れます

①溶き卵1コ分、だし汁$\frac{2}{3}$カップ、薄口しょう油、みりん各大さじ$\frac{1}{2}$をよく混ぜてこす。

②しいたけ$\frac{1}{2}$枚は薄切り、殻をむいた小えび2尾はぶつ切り、三つ葉はざく切りにする。

③湯飲み茶碗に①と②を入れアルミホイルをかけて鍋に入れる。茶碗の$\frac{2}{3}$の高さまで熱湯を注ぎ、ふたをして中火で6分蒸す。

つるんとしたやさしい食感がうれしい！
ゆずのせん切りをそえれば香りもごちそうに

アレンジ

だし汁、薄口しょう油、酒、塩を煮立てて水溶き片栗粉でとろみをつけたあんをのせれば、寒い冬には何よりの一品に。天津丼の甘酢あん（174ページ参照）をかければ中華風。

ここはこうする！

薄口しょう油がなかったら、濃い口しょう油小さじ1、水小さじ2、塩少々を混ぜ合わせたもので代用して。だし汁は大さじ½減らす。卵液は目の細かいざるなどでこすと仕上がりがきれい。

温泉卵

失敗なく作れる裏技レシピです

①炊飯器の内釜に熱湯5カップと水1カップを注いで卵1コを入れ、保温状態にして15分おく。

②鍋にだし汁大さじ2、薄口しょう油小さじ$\frac{1}{2}$、みりん小さじ1を合わせてひと煮立ちさせ冷ます。

③器に①を割り入れ、②を注ぐ。

白身がつるり、黄身がとろ〜り
だしじょう油ごとごはんにのせても

アレンジ

海鮮丼、鍋焼きうどん、ラーメンやパスタ、ハンバーグなどにそえたり、キムチチゲに加えてもおいしい。和洋中問わずさまざまな料理のトッピングに利用できる。

ここはこうする！

室温にもどした卵１コで作り、必ず熱湯と水の割合は５：１を守ること。こうすることで、温泉卵を作るのに最適な70度が保たれる。

さらにおいしく。

料理に必要な調理器具

これだけはそろえておきましょう。使い勝手がよければ高価なものでなくても十分です。

鍋…大小2つあると便利。

フライパン…お手入れが簡単なフッ素樹脂加工がおすすめ。

電子レンジ…あたため、調理のほかに下ごしらえにも活用できる。

オーブントースター…焼いたり、あぶったりと何かと重宝。

包丁…ステンレス製の万能包丁が使いやすくて手入れも簡単。

まな板…プラスチック製でも木製でも。木製の場合は使用後、よく乾かして。

ボウル・ざる…大小2組ずつ、ボウルとざるがセットになるようそろえると便利。

ピーラー…包丁でむきにくいものもピーラーを使えば簡単。

玉じゃくし・菜ばし…玉じゃくしは煮物やみそ汁をよそったりするのに欠かせない。

へら・フライ返し…フッ素樹脂加工のフライパンは傷つきやすいので、できればプラスチック製や木製を使って。

おろし器…大根やしょうがをするのに不可欠。

軽量カップ・スプーン…調味料や材料の分量をはかるときに使用。

耐熱容器…電子レンジで加熱する際には、必ず耐熱容器を使って。

ドドーンッと丼物

おなかがペコペコなら、丼物できまりです。人の目なんか気にしないで、大胆にかき込むように食べちゃってください。

親子丼

半熟卵に誰もがにっこり、大人も子供も大好きです

①玉ねぎ1/4コは1センチ幅に切り、冷凍グリンピースは解凍する。

②鍋に水1/2カップ、しょう油大さじ1と1/3、砂糖、みりん、酒各大さじ1/2を煮立て、鶏こま切れ肉70gと玉ねぎを加えて4~5分煮る。

③溶き卵1コ分をまわし入れ、半熟になったらグリンピースを散らし、火をとめてふたをして30秒ほど蒸らす。

卵がふんわりとろとろ
粉さんしょうとも相性ぴったり

アレンジ

豚肉や牛肉でもおいしい。豚肉の場合は時間をかけてしっかり肉に火をとおし、牛肉の場合はさっと煮てかたくならないように注意する。

ここはこうする！

卵は白身が残るくらい軽く溶きほぐすとふんわり仕上がる。卵をまわし入れるときは中心から外へ向かって円を描くように。2～3回に分けて入れるときれいな半熟卵が作れる。

牛丼

甘辛の味つけは誰もが納得のおいしさ

① 牛薄切り肉50ｇは食べやすい大きさに切り、玉ねぎ$\frac{1}{4}$コはくし形切りにする。

② 鍋に水$\frac{1}{2}$カップ、しょう油大さじ1、砂糖、酒各小さじ2、玉ねぎを入れて火にかけ、煮立ったら牛肉をほぐして加え5〜6分煮る。

③ 丼にごはんを盛り②を汁ごとかけ、紅しょうがをのせる。

たれのしみたごはんがまた最高！

紅しょうががもいいが、しば漬けもよく合う

アレンジ

卵とじにすればまろやかな味に。具は冷蔵庫で4～5日保存が可能なので、多めに作っておくと便利。焼きうどんの具にしたり、野菜炒めと合わせても。

ここはこうする！

牛肉ははがすように1枚ずつ鍋に加えること。そうでないと肉と肉がくっついてかたまりになってしまう。牛肉は切り落としでもよいが、できるだけ良質の肉を使うことでうまさも倍増。

まぐろの漬け丼

刺身にあきたらぜひ試してみたい丼です

①しょう油大さじ1、酒、しょうが汁各小さじ1を合わせておく。

②まぐろの刺身（赤身）5～6切れを、①に15分漬ける。

③丼にごはんを盛り、汁気を軽くきったまぐろを放射状に並べ、いりごま少々、刻みのりをのせておろしわさびをそえる。

ねっとりとしたまぐろが絶品！

アレンジ

卵黄や温泉卵（156ページ参照）をのせればとろりとした黄身でまろやかな味に。しょうが汁をコチュジャンにかえれば韓国風漬け丼の完成。

ここはこうする！

まぐろの刺身が大きめだったら半分のそぎ切りに。ぶつ切りや切り落としでもよい。サク取りしたものは、筋に沿って切ると切りやすいだけでなく、余計な繊維を壊さずにすむ。

さけいくら丼

いくらをたっぷりのせたぜいたくな親子丼

①甘塩さけは焼いて皮と骨を取り除き、粗くほぐす。

②丼にごはんを盛って①のさけをのせ、まんなかにいくらのしょう油漬けをのせる。

③あさつきの小口切りを散らす。

プチプチとはじけるいくらがたまらない！

わさびじょう油をかけても

アレンジ

あさつきを刻みのりにかえれば磯の香りがたっぷり。大根おろしや新しょうがの甘酢漬け（192ページ参照）をそえればさっぱりといただける。

もうひと手間

いくらのしょう油漬けを手作りすれば、なおおいしい。生筋子１腹はまくを取り、卵を取り出して水にさらす。水気をきってしょう油大さじ３、酒大さじ２と合わせ冷蔵庫で１～２時間漬ける。

三色とろ丼

ねばねばの代表が勢ぞろい、元気になれる丼です

① 長いもは皮をむいてすりおろし、おくらは塩ゆでして小口切りにする。

② ごはんに①、めかぶ、ひき割り納豆を彩りよくのせる。

③ まんなかに卵黄を落とし、しょう油をかける。

がつがつとかき込みたい

アレンジ

まぐろ、かつお、いかなどの刺身を一緒に盛れば、海鮮とろろ丼としても楽しめる。その場合は、ごはんは白飯よりも酢飯のほうがおすすめ。

ここはこうする！

それぞれの味を別々に楽しんでもいいし、全部を混ぜ合わせても OK。卵黄を温泉卵（156 ページ参照）にかえれば違った食感が楽しめる。

二色丼

甘辛い鶏そぼろと甘いいり卵の素朴な味

①鍋に鶏ひき肉50g、しょうがのみじん切り少々、しょうゆ小さじ2、砂糖、みりん、酒各小さじ1を入れてよく混ぜながら2分ほどいりつける。

②溶き卵1/2コ分に砂糖小さじ1、塩少々を加え、別の鍋でよく混ぜながらぽろぽろになるまでいる。

③ごはんに①と②を彩りよくのせ、紅しょうがをそえる。

れんげやスプーンでほおばって

アレンジ

鶏そぼろに水を加え、ひと口大に切ったかぶやかぼちゃを入れて煮れば、簡単に煮物ができあがる。最後に水溶き片栗粉を加えてとろみをつければさらにグレードアップした煮物に。

ここはこうする！

いるときは菜ばし3～4本を使って絶えずかきまわすときめ細かな仕上がりに。卵1コ、鶏ひき肉200gなど、作りやすい分量で作っておき、残りは冷蔵庫へ。4～5日は保存できる。

ひつまぶし

違ったおいしさが3度楽しめるぜいたくな丼

①うなぎの蒲焼きを電子レンジであたため、6～7ミリ幅に切る。

②添付のたれ大さじ1と水、しょう油、みりん各大さじ1を煮立て、ごはんに半量混ぜたら、残りのたれに①を加えてよくからめる。

③ごはんにうなぎを盛り、刻みのり、小ねぎの小口切り、おろしわさび、熱い煎茶をそえる。

薬味の量はお好みでどうぞ
最後はさらさらかき込んで

アレンジ

ごはんを酢飯にしてもおいしい。酢大さじ１、砂糖小さじ１、塩少々を混ぜ合わせ、あたたかいごはんに合わせてさっくり混ぜる。

ここはこうする！

ひつまぶしは、まずはそのままでうなぎの味を堪能し、次にのり、ねぎ、わさびの薬味と一緒に味わい、最後に煎茶をかけてお茶漬けでいただく。だし汁をかけることも。

天津丼

卵をたっぷり使った中華の丼物の代表

①　2コ分の溶き卵にかに缶50g、しいたけの薄切り、ねぎの斜め薄切り、塩少々を混ぜ合わせる。

②　水大さじ4、酒、砂糖、しょう油各大さじ$\frac{1}{2}$、酢大さじ1を合わせて煮立て、水溶き片栗粉でとろみをつける。

③　フライパンにサラダ油大さじ1を熱して①を流し入れ、菜ばしなどで大きく混ぜ、表面がかたまってきたら返して裏面も焼く。ごはんにのせ、②のあんをかける。

かにいっぱいの卵は食べごたえも十分
とろーり
甘ずっぱいあんがおいしい

アレンジ

ごはんは白飯でよいが、チャーハンに盛りつければ豪勢。かにのかわりにチャーシュー、ハム、かまぼこなどを使ってもおいしい。

ここはこうする！

かに玉とあんが同時に仕上がるように、最初に材料を全部用意しておいて一気に仕上げる。かに玉を焼く前にごはんもよそっておく。

さらにおいしく。

ストックしておくと重宝する調味料

辛味をプラスしたい、さっぱりと食べたい、おつまみにあう一品にしたいなど、できあがった料理にひとふりするだけで、ぐっと趣の異なる料理に。いろいろ試してみましょう。

一味唐辛子・七味唐辛子…一味は唐辛子粉のみ、七味は唐辛子のほかにさんしょうの実、しそ、青のり、ごま、麻の実、ちんぴ、しょうがなどが入っている。
粉さんしょう…舌にしびれるようなピリッとした辛さとふくよかな香りが特徴。
ゆず粉…ゆずのさわやかな香りが食欲をそそる。みそ汁や漬け物にひとふりして。
ゆずこしょう…ゆずと青唐辛子を塩でねりあげたもので、ぴりりとした辛味がある。
ねり辛子…マスタードよりも辛い。粉末を使う場合は、食べる直前に溶いて。
わさび…ツーンとした辛さが特徴。マヨネーズに混ぜてもおいしい。
スイートチリソース…甘辛味が揚げ物によく合う。アジアンテイストに仕上げたいときに。
ドライパセリ…スープやサラダなど彩りをそえるのに役立つ。独特の香りもさわやか。
バルサミコ酢…ぶどうから作られる濃厚な酢。サラダや肉料理などに直接かけて。
粒マスタード…辛子だねが入った、白ワインの風味がきいた洋辛子。マイルドな辛さが特徴。
ラー油…唐辛子の辛味を移した油。サラダのドレッシングに入れても美味。

季節の漬け物

日本の食卓に欠かせないのが漬け物。市販品もいいけれど、手作りすれば味は格別です。手軽に旬の野菜のおいしさを味わえます。

白菜漬け

甘くてみずみずしい、冬の即席漬け

①白菜100gはざく切りにして塩小さじ2/3をふってよく混ぜ、水1カップを注ぐ。重石《おもし》500gをかけて1時間、下漬けする。

②ゆず1/4コは汁をしぼり、皮少々を細切りにする。

③①の水気をしぼり、②と塩昆布少々を加え混ぜ、重石500gをかけてさらに1時間、本漬けする。

しょう油をたらしたり、七味唐辛子をふっても

アレンジ

豚こま切れ肉と一緒にサラダ油で炒め、酒、コチュジャン、しょう油で味つけすれば豚キムチ風の炒め物に。

ここはこうする！

重石は皿を数枚重ねたものや、ボウルに水をはったもの、缶詰などを利用して。皿やボウルを使用する場合、漬けている容器のふたまわり小さめがベスト。

きゃべつときゅうりの浅漬け

見た目にも鮮やかな、さわやか漬け

①きゃべつ1枚はざく切り、きゅうり1/2本は薄い輪切りにしてボウルに入れる。

②①に塩小さじ1をふってよく混ぜ、水1カップを注いで重石500gをかけ2時間漬ける。

③②の水気をしぼって盛りつける。

ぽん酢をかけてもいける

アレンジ

なす、にんじん、大根、セロリ、かぶ、白うり、水菜などお好みの野菜150gでも同様に作れる。水菜以外は薄切り、水菜はざく切りにしてから漬ける。

もうひと手間

ドレッシングやマヨネーズであえればサラダ感覚でいただける。また、水気をしぼったあと、しそやしょうがのせん切りを混ぜ合わせれば、いっそうさわやかな味わいに。

きゅうりのポリポリ漬け

みんな大好きなあの漬け物の味が家でも作れます

① きゅうり1本は3ミリ厚さの輪切り、しょうがはせん切りにしてボウルに入れる。

② しょう油、砂糖各大さじ1、酢、みりん、酒各大さじ1/2を煮立て①にかける。

③ きゅうりが冷めたら汁だけこして再び煮立て、再度きゅうりにかける。これを3～4回ほど繰り返し、30分ほどおく。

かりかり、ぽりぽり、あとをひくおいしさ！

アレンジ

きゅうりのかわりになすやれんこん、にんじんでも同様に作れる。なすは縦半分に切って薄切りに、れんこんとにんじんはかたゆでしてから調理して。

ここはこうする！

きゅうりには必ず煮立った熱々の汁をかけること。この作業を数回繰り返すことが、味をよくしみ込ませるポイント。冷蔵庫で１週間保存できるので、多めに作っておくと便利。

即席しば漬け

梅干しを使って手軽に作れるようアレンジしました

①なす１本、みょうが１コ、きゅうり４センチはそれぞれ短冊切りにしてボウルに入れる。塩小さじ$\frac{1}{2}$をふってよく混ぜ、水１カップを注いで重石５００ｇをかけ、１時間下漬けする。

②梅干し１コは種を取り除いて刻み、みりん大さじ１を加えて混ぜ、①の水気をしぼってあえる。

③重石５００ｇをかけてさらに30分、本漬けする。

お茶漬けにしてもうまい！

アレンジ

しその実漬けをふりかければより本格的なしば漬けの味に。水気をしぼって細かく刻み、あつあつのごはんにのせたり、ごはんに混ぜ合わせておにぎりにしても。

ここはこうする！

きゅうりの種を取るとしゃきしゃき感が増す。きゅうりを縦半分に切ってからスプーンでこそげ取るようにして。

セロリの浅漬け

しゃきしゃき感がくせになる夏の漬け物

①セロリ1/2本は筋を取り、4～5センチ長さの拍子木切りにする。

②①をビニール袋に入れて塩小さじ1/4をふってよく混ぜ、30分おいてしんなりさせる。

③②に砂糖小さじ1/4、昆布茶小さじ1/2、酢小さじ1を加えてよく混ぜ、口を閉じて冷蔵庫で30分以上漬ける。

セロリ独特の香りを堪能して
あっさり、いくらでも食べられそう

アレンジ

そのままマヨネーズをつけても。漬け上がったセロリと、きゅうりやにんじんを細切りにして混ぜ合わせ、ドレッシングであえれば昆布茶のだしがきいたおいしいサラダになる。

もうひと手間

しそのせん切りを加えれば、よりいっそうさわやかな風味に。冷蔵庫に入れて漬けるとき、できるだけビニール袋のなかの空気をぬいて口を閉じるとよく漬かる。

ゆず大根

ゆずの香りがきいた上品な漬け物

① 大根4センチは1センチ角の棒状に切って塩小さじ$\frac{1}{2}$をまぶしてボウルに入れ、重石500gをかけて1時間、下漬けする。

② ゆず$\frac{1}{2}$コは汁をしぼり、皮少々はせん切りにする。

③ ①の水気をしぼってボウルに入れ、②、しょう油、酒、みりん各小さじ1、一味唐辛子少々を加えてよく混ぜ、軽く重石をかけて2時間以上、本漬けする。

意外とワインにもよく合う！
ぱりぱりした食感もごちそう

アレンジ

大根を下漬けしたあと水気をしぼり、レモン汁½コ分、砂糖大さじ１を混ぜ合わせて漬ければ洋風の甘酢漬けに。

ここはこうする！

下漬けの漬け汁をしっかりしぼると、本漬けの漬け汁がよく漬かる。本漬けするときの重石はおおよそ300g～400gを目安にして。

千枚漬け風

京都の有名な漬け物を身近にあるかぶで作ってみました

① かぶ大1コは葉を切り落とし、皮つきのまま2ミリ厚さの輪切りにする。

② 容器に①を放射状に並べて水菜少々をのせ、塩小さじ1/2をふって重石500gをかけ2時間、下漬けする。

③ 砂糖、みりん、酒、酢各大さじ1/2を混ぜ合わせて②に加え、さらに2時間ほど重石500gをかけて、本漬けする。

はしがとまらない甘ずっぱさ

アレンジ

漬けたかぶにスモークサーモンを重ねてはしから巻いていくと、おもてなしにもぴったりのひと品に変身。

ここはこうする！

かぶはスライサーを利用すれば、薄く均一の厚さに切ることができる。細切りにした昆布を加えて漬けるとうまみが増す。市販の酢昆布を細切りにしてもOK。

新しょうがの甘酢漬け

初夏限定、しょうがの歯ごたえを楽しみましょう

①新しょうが小1かけは皮をむき、薄切りにして10分ほど水にさらす。

②しょうがの水気をきって熱湯に入れ、30秒ほどゆでて水気をきる。

③ボウルに酢大さじ3、砂糖小さじ2、塩少々を入れて混ぜ、②を加えてよく混ぜ合わせ、1時間ほどおいて味をなじませる。

みずみずしくて、さっぱりさわやか
焼き魚にそえても

アレンジ

しょうがを細切りにして、手巻き寿司の具にしたり冷奴にのせたり。しょうがを漬けた甘酢で、そぎ切りにしたゆでたこや塩もみしたきゅうりをあえれば簡単に酢の物ができあがる。

ここはこうする！

しょうがは繊維に沿って切ると、歯ざわりがよくなる。密閉容器に入れ、冷蔵庫に入れれば1か月保存が可能。

さらにおいしく。

冷凍保存しておくと便利な薬味

薬味があると、料理の彩りも風味もより豊かなものになります。冷凍保存しておけばいつでも使えて便利なので、ぜひストックしておきましょう。1か月以内に食べ切ってください。

かぼす・すだち…丸ごとラップで包むか、保存袋や密閉容器に入れて冷凍。半解凍の状態でしぼる。しぼった果汁を製氷皿に入れて冷凍してもOK。
ゆず・レモン…しぼった果汁を製氷皿に入れる。
すだち・ゆず・レモンの皮…せん切りにしてラップで包むか保存袋に入れる。
しそ…せん切りにしてラップで包むか保存袋に入れる。
しょうが…薄切り、せん切り、すりおろして1回分ずつラップで包み、さらに保存袋に入れる。
大根…おろして製氷皿に入れる。
ねぎ…小口切り、みじん切りなどにしてラップで包むか、保存袋や密閉容器に入れる。
パセリ…洗ったあと水気をきって、保存袋に入れて冷凍。凍ったら手でもむと簡単にみじん切りになる。
三つ葉…さっとゆでて刻み、ラップで包むか保存袋に入れる。
みょうが…丸ごと、または薄切りにしてラップで包むか保存袋に入れる。

汁物でホッ

定食の名脇役。
ひと口すすればホッ
と心がやすらぎます。
具だくさんみそ汁から
あっさりすまし汁まで、
おかずにあわせて
選んでみて。

豚汁

おかずにもなる具だくさんの汁物

①こんにゃくは小さめの角切り、ささがきごぼうは水にさらし、じゃがいも、大根、にんじんは5ミリ厚さのいちょう切り、ねぎは1センチ幅のぶつ切りにする。

②豚こま切れ肉をサラダ油で炒め、ねぎ以外の①、だし汁1と1/3カップを加える。

③煮立ったら火を弱め、7〜8分煮てみそ大さじ1を溶かし入れ、5分煮たらねぎを加えてさらに2〜3分煮る。

からだがしんからあたたまる!
豚肉のうまみがしみこんだ野菜がおいしい

アレンジ

ゆでたうどんやそうめんを入れれば、夜食にもぴったり。じゃがいものかわりに里いもでもおいしい。豚肉を鶏肉にかえればさつま汁になる。

もうひと手間

ねぎを加える前に酒少々を加えるとうまみが増す。豚肉は炒めず、熱湯をまわしかけて余分なあぶら分とアクを取ってから煮るとヘルシーな仕上がりに。

けんちん汁

根菜たっぷりがうれしい汁物です

①里いもは厚めのいちょう切り、大根、にんじん、しいたけは短冊切りにする。

②①をサラダ油で炒め、木綿豆腐を手でくずしながら加えて炒め合わせる。

③②にだし汁1と1/3カップを注ぎ、煮立ったら塩少々と薄口しょう油、酒各大さじ1/2を入れ7〜8分煮る。

からだがポカポカあたたまる

ホロッとくずれた豆腐がおいしい

アレンジ

豚肉や鶏肉を入れるとボリュームアップ。サラダ油のかわりにごま油で炒めると、さらにコクがプラスされる。みそ仕立てもおいしい。

もうひと手間

豆腐は下ゆでしてざるにあげ、水気をきってから加えると水っぽくならない。最後にしょうが汁少々を加えてひと煮立ちさせると、すっきりとした味わいに。

つみれ汁

いわしのうまみがたっぷりのお椀

①だし汁1カップを煮立て、しょう油、酒各小さじ2を加える。

②①につみれを入れて2分煮る。

③3センチ角に切った豆腐を加え、豆腐があたたまったら、小ねぎの小口切りを散らして火をとめる。

すっきり上品な風味
しょうが汁を落としたり、七味唐辛子をふっても

アレンジ

ささがきにしたごぼうや、小松菜を4～5センチ長さに切って加えると食べごたえがあり、栄養バランスのとれた汁物になる。

もうひと手間

つみれを手作りすればグレードアップ。いわしの刺身またはたたきを細かく刻んで片栗粉、薄力粉、パン粉、みそ各少々を混ぜ、ねばりが出るまでよくたたいてからねって丸くまとめる。

しじみ汁

しじみのうまみと栄養が凝縮されています

① 水1カップにしじみ50gを入れて中火にかける。
② しじみの口が開いたら、アクをすくい取る。
③ みそ大さじ1を溶き入れ、ひと煮立ちしたら小ねぎの小口切りを散らす。

粉さんしょうをふってもうまい！

アレンジ

しじみのかわりにあさりでも。貝は長時間煮ると身がかたくなるので注意。みそのかわりにしょう油と酒各少々を使えばすまし汁に。

ここはこうする！

しじみは塩少々をふって殻同士をよくこすり合わせ、水で洗い流してから塩分１パーセントほどの塩水に２～３時間つけておくと完全に砂抜きができ、すっきりとおいしく仕上がる。

納豆汁

からだがぽかぽかあたたまる栄養満点のみそ汁です

①油揚げは熱湯をかけて油抜きし、短冊切りにする。

②鍋にだし汁1カップ、①を入れて火にかけ、煮立ったらみそ大さじ1を溶き入れる。

③②にひき割り納豆1パックを加えて1分ほど煮て、小ねぎの小口切りを散らす。

フーフーしながらいただこう
寒い冬にぴったり

アレンジ

納豆をすり鉢で細かくすってから入れると本格的な納豆汁に。豆腐、里いも、こんにゃく、きのこ類を入れてもおいしい。

ここはこうする！

においがきつくなるので、納豆のにおいが苦手なら納豆はかき混ぜないで使う。納豆を加えてからは、長時間煮立てないことがおいしさのポイント。

沢煮椀《さわに》

野菜がたくさん食べられるお吸い物

① 豚ばら薄切り肉は細切りにし、塩少々をまぶしてさっとゆでる。

② しいたけ、にんじん、ごぼう、長ねぎはそれぞれせん切りにして、ごぼうは下ゆでする。

③ だし汁1カップを煮立て、①、②のねぎ以外を加えて3分ほど煮て、酒小さじ1/2、塩こしょうで味をととのえ、ねぎを散らしてひと煮立ちさせる。

こしょうをたっぷりめにかけても美味

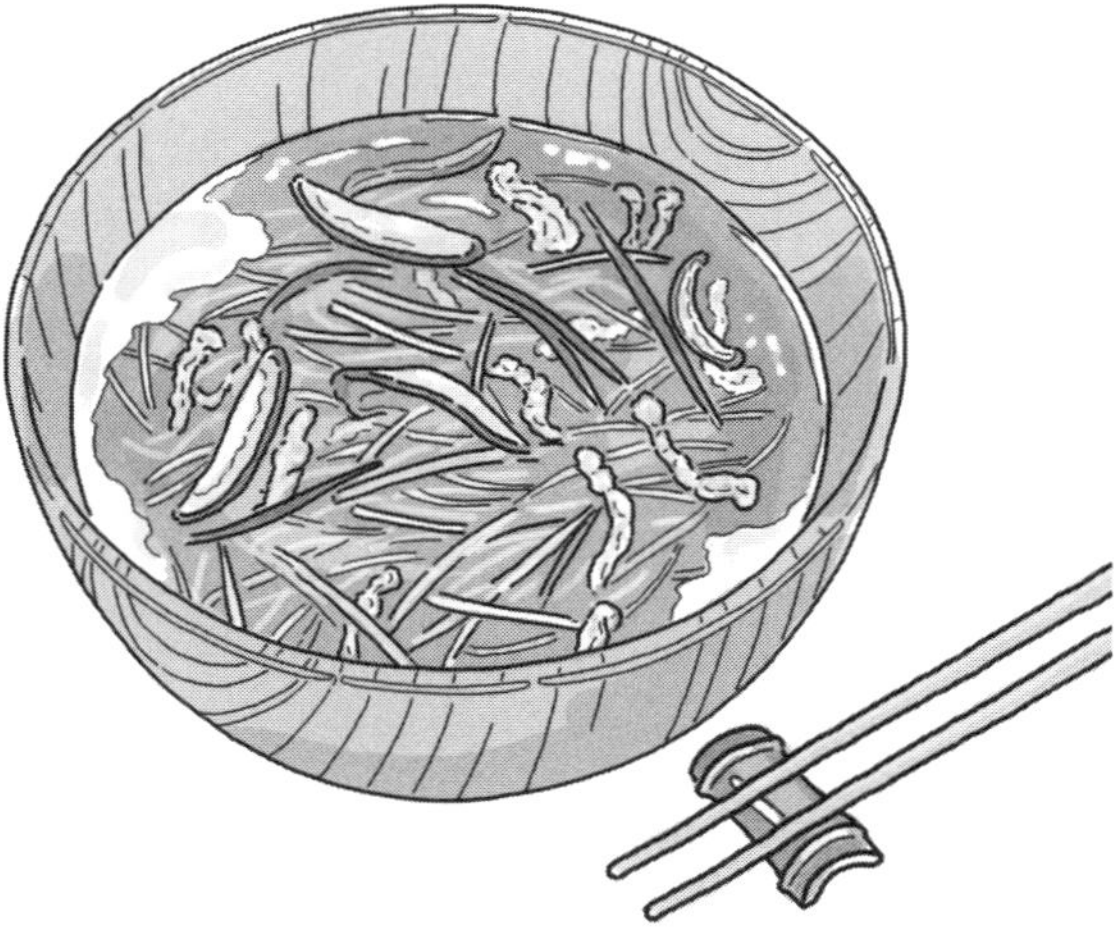

アレンジ

大根、しめじ、さやえんどう、たけのこなどあり合わせの野菜で十分においしい。いずれもせん切りにする。

ここはこうする！

豚ばら肉に塩をまぶすとうまみが凝縮されるので、必ず塩をまぶして。野菜は煮すぎると歯ざわりが悪くなるので注意する。豚ばら肉があまったら、１枚ずつ広げてラップに包み冷凍庫へ。

かき卵汁

卵のやさしい味わいにホッとします

①卵$\frac{1}{2}$コ分は溶きほぐし、えのきだけは根元を切ってざく切りにする。

②だし汁1カップを煮立て、しょう油、酒各小さじ1、塩少々を加える。

③②にえのきだけを入れてひと煮立ちさせ、溶き卵を丸く流し入れ、卵がかたまってきたら小ねぎの小口切りを散らす。

卵がふんわり
こしょうをふると味がひきしまる

アレンジ

だし汁を鶏がらスープにかえ、えのきだけ、缶詰のコーンを加えてひと煮立ちさせ、水溶き片栗粉でとろみをつけて溶き卵を流し入れると中華風のコーンかき卵スープに。

ここはこうする！

火をとおしすぎると卵がかたくなるので、半熟状態で火をとめる。だし汁の温度が低すぎると、卵がかたまらず白く濁ってしまうので注意する。

とろ昆布汁

お湯を注ぐだけでできあがる即席汁

①お椀にとろろ昆布ひとつまみと削りがつお少々を入れる。

②①にあさつきの小口切りを散らし、しょう油小さじ1を落とす。

③②に熱湯を注ぐ。

とろりとした食感がどこかなつかしい

アレンジ

わかめを加えれば、磯の香りがいっぱいのお吸い物に。梅干しを加えればあっさりとした味に仕上がる。熱湯を注ぐ前に酒少々をたせば風味がアップする。

ここはこうする！

熱湯を注いだあとしばらくかき混ぜると、とろろ昆布からもだしが出ておいしくなる。あまったとろろ昆布は、密閉できる袋などに入れて冷蔵庫で保存するとしけらずに長持ちする。

材料別インデックス

【肉】

牛肉

鶏肉

ハム

ひき肉

【魚介】

【卵】

【大豆・大豆製品】

【乾物・加工食品・漬け物】

料理用語インデックス

青春文庫

3行《ぎょう》レシピでつくる定食屋《ていしょくや》ごはん

2007年6月20日　第1刷

著　者　杵《き》島《じま》直《なお》美《み》
発行者　小澤源太郎
責任編集　株式会社プライム涌光
発行所　株式会社青春出版社
〒162-0056　東京都新宿区若松町12-1
電話　03-3203-2850（編集部）
03-3207-1916（営業部）
振替番号　00190-7-98602

印刷／堀内印刷
製本／豊友社

ISBN 978-4-413-09368-2